HISTOIRE

DU

PROTESTANTISME FRANÇAIS

PENDANT LA

RÉVOLUTION ET L'EMPIRE

HISTOIRE

DU

PROTESTANTISME FRANÇAIS

PENDANT LA

RÉVOLUTION. ET L'EMPIRE

PAR

Ch. DURAND

Pasteur

PARIS	GENÈVE
Librairie FISCHBACHER	Ch. EGGIMANN & Cie
Rue de Seine, 33	Rue Calvin, 9

1902

INTRODUCTION

Nous savons peu de choses sur l'histoire du protestantisme pendant la Révolution française.

Il ne faut point s'en étonner. L'attention des historiens va de préférence aux époques de création qui sont en même temps celles des grandes luttes tragiques. Et lorsqu'ils ont à s'occuper du protestantisme français, tant de héros et tant de martyrs provoquent leur enthousiasme qu'on leur sait presque gré de laisser dans l'ombre de moins glorieuses générations.

Cependant comme l'histoire n'est pas un désir exclusif de reconstituer le plus brillamment possible les hauts faits de quelques-uns, nous sommes conduits à examiner à l'égal de tout autres les époques de transition et d'affaissement. Sans cette étude, les pages étincelantes de vie risquent, arrachées du milieu qui les a précédées et préparées, d'être plus admirables qu'historiquement vraies.

A ce titre déjà, l'examen de la période qui partant de l'année 1787 va jusqu'en 1815, est utile et nécessaire. Elle le devient bien plus lorsqu'on se souvient que cette époque est celle qui a préparé la nôtre, que son histoire explique en partie la situation présente, et montre dans leurs germes quelques-unes de nos forces comme aussi dans leur continuité historique la plupart de nos faiblesses.

Déjà les problèmes qui se discuteront avec ardeur pendant tout le XIXᵉ siècle commencent à se poser; des situations qui durent toujours datent d'alors.

Il vaut donc la peine de s'arrêter et de regarder. 1787, c'est la date de l'avènement de la tolérance, 1815, c'est le début de la période moderne qu'illumine les premières clartés du Réveil. Dans ce court laps de temps, les contrastes sont à l'extrême. A peine en possession d'une tolérance à peu près digne de ce nom, les Églises protestantes reçoivent en cadeau la plus complète indépendance ; au moment où elles vont en jouir paraît le fanatisme anti-religieux qui les conduit presque au bord même de l'abîme ; la liberté se retrouve tout aussi subitement qu'elle était disparue, et presqu'aussitôt apparaît un protecteur qui ouvre à l'Église ses bras trop puissants et la soutient d'une étreinte qui l'étouffe et l'écrase. De telle sorte qu'après avoir failli mourir victime de la haine des tyrans les plus opposés, Louis XIV et Robespierre, elle est prête à rendre l'âme par suite de la trop grande bienveillance d'un gouvernement despotique. Mais le lumignon fume encore, il ne sera point éteint, et déjà nous entrevoyons la ligne, pâle, mais pleine de promesses, qui à l'orient, annonce la prochaine aurore.

Pendant ces quelques années tout change et se transforme. L'ancien régime croule et disparaît. Toute une classe nouvelle de gouvernants sort de terre et prend la direction du pays. Les conditions économiques sont bouleversées de fond en comble. La crise sociale, en un mot, est à son paroxysme...

Mais tout cela, est-ce uniquement l'histoire

du passé? Ce que nous voyons en 1900, est-ce fort différent de ce que l'on vivait en 1780 ? Ce qui s'approche, la tempête que nous regardons avec angoisse monter à l'horizon, sera-ce quelque chose de tout autre que 1793 ?

Considérée sous cet angle, l'histoire de la Révolution fait bien plus que nous intéresser, elle nous passionne, car nulle autre ne saurait nous être davantage utile.

Eviterons-nous les mêmes chutes et les mêmes erreurs ? Il les faudrait connaître premièrement, pour cela connaître les faits mêmes qui enveloppèrent et terrassèrent les protestants et surtout apprendre la façon dont ils agirent pendant ces terribles tourmentes.

Il y aurait là, chacun le reconnaît, matière à des pages nombreuses et éloquentes. Mais ce n'est pas cette vue d'ensemble qui permettrait tout à la fois de comprendre et de juger, d'exposer et d'avertir, que nous avons tenté de présenter au public.

Notre manque de capacité nous en empêcherait, et de plus, ce travail ne nous paraît pas possible à l'heure actuelle. Les données font défaut. Bien des faits de première importance nous échappent et, en bien plus grand nombre, quantité de points secondaires sans lesquels les premiers ne peuvent être exactement interprétés. Fascinés par l'importance des événements politique ou sociaux, nous avons négligés jusqu'ici de fixer les détails qui serviraient de base à une histoire exacte des protestants pendant la Révolution. Leurs obscures défaites ou leurs victoires ignorées sont noyées dans le rayonnement de l'aveuglante clarté des événements contemporains. Quelques rares biographies, un petit nombre de monographies, une certaine quantité de faits disséminés en cent endroits, c'est tout ce qui est à la disposition du public lettré.

Cela étant, nous pouvions, sans trop présumer de nos forces, essayer de grouper tous ces renseignements épars et de les coordonner en un seul tout de manière à permettre de se rendre compte de la période sans courir à droite ou à gauche et perdre un temps précieux en recherches préliminaires.

Surtout notre désir a été de faire apparaître les lacunes, de faire naître le besoin

de recherches nouvelles et patientes, de telle
sorte que bientôt les trésors enfouis dans les
registres d'églises ou dans les documents de
famille apparaissent en pleine lumière.

Alors, plus compétent que nous, profitant
de ces découvertes, nous donnera sans doute
le livre que nous rêvons, celui qui non seulement relèvera les faits historiques, mais les
interprétera avec la largeur de vue que le
sujet comporte et de manière à en faire surgir
les enseignements les plus précieux pour un
avenir prochain.

Que nos modestes efforts personnels faci-
litent et hâtent quelque peu la venue d'un
tel ouvrage, et nos vœux seront comblés, car
la grâce de Dieu aura permis à notre faiblesse
de faire quelque chose pour l'avancement et
l'affermissement de son Règne.

CHAPITRE PREMIER

Trois ans de liberté.

Antoine Court méditait, à 17 ans déjà, la reconstitution de la religion « prétendue réformée », anéantie presque par les dragons du Roi-Soleil. Neuf ans plus tard, le 26 août 1725, le jeune prédicateur présidait le premier synode provincial, base de l'édifice ecclésiastique. La puissante organisation dont son génie pratique dotait le protestantisme, tout en le reliant à son glorieux passé, lui ouvrait un avenir d'affermissement et de progrès.

La persécution allait se mourant. Le 17 novembre 1787 l'*édit de tolérance* est communiqué au Parlement de Paris qui l'enregistre le 29 janvier de l'année suivante. Assurément on ne reconnaissait encore aux protestants que le droit de vivre. Mais ce premier pas ne pouvait manquer d'en amener d'autres. C'était beaucoup pour les proscrits d'hier que la possibilité d'avoir un état civil, de se marier et d'hériter.

Le culte reste défendu. Si à Strasbourg le roi autorise en 1788 la construction d'un édifice sacré, c'est à la condition que rien extérieurement ne révélera l'emploi du bâtiment[1]. A Paris même, le ministre de la maison du roi, marquis de Villedeuil, refuse aux protestants la célébration de tout service religieux, et il en est de même en province.

L'édit fut accueilli avec une reconnaissance pleine de dignité.

« L'édit de novembre 1787 — déclare le synode du Haut-Languedoc et de la Haute-Garonne — par lequel notre monarque bienfaisant nous assure un état civil, nous pénètre de reconnaissance... Les différents points de vue sous lesquels l'édit pourrait être envi-

[1] Rabaut. Annuaire 1806, p. 230.

sagé, nous engagent à modérer la joie indiscrète des uns et à réprimer le mécontentement des autres [1] ».

On avait espéré mieux et l'on accordait peu au jugement d'une partie de la nation sur laquelle avait passé, plus qu'ailleurs peut-être, le souffle de la démocratie, avant-coureur de la tempête.

De tous les points de la France, les regards pleins de la plus fièvreuse et de la plus utopique des espérances se dirigent bientôt vers Paris, vers ce Paris où siègent les États généraux et d'où doit descendre le remède aux maux universels, la rénovation du genre humain.

Les premiers résultats de la Révolution furent acclamés par tous les protestants. Il en valait la peine. Le 21 avril 1789, c'étaient par la déclaration des droits de l'homme, tous les Français citoyens et tous les citoyens égaux devant la loi, toutes les charges et toutes les dignités accessibles à tous. Le lendemain, l'Assemblée (constitutive) décidait que « nul homme ne peut être inquiété pour

[1] E. Doumergue, *La Veille de l'an X*, p. 56.

ses opinions religieuses ni troublé dans l'exercice de sa religion, pourvu que leurs manifestations ne troublent point l'ordre public établi par la loi ». Ce dernier membre de phrase certes prêtait à bien des équivoques, et à son propos les catholiques conduisaient leur suprême assaut contre la liberté religieuse. Ils furent repoussés, et le grand principe admis, on ne reculait pas devant ses conséquences. Le 24 décembre, l'Assemblée décrète l'éligibilité des non-catholiques, et le 25 mars 1790 elle met en pratique ses principes en choisissant comme président Rabaut-Saint-Etienne, le fils du plus illustre des proscrits du Désert. Puis viennent des décisions plus généreuses qu'aisées dans leur exécution : celle de rendre leurs biens aux exilés de la Révocation de l'édit de Nantes (10 juillet), et celle de reconnaître comme Français les descendants de ces mêmes proscrits qui reviendraient sur le sol de leurs aïeux.

En province, partout les protestants manifestent leur joie, leur adhésion pleine et entière au nouvel ordre de chose. Rien de plus naturel et de plus compréhensible.

Les synodes rendent des vœux explicites; leurs membres, bien que rien ne les y oblige, prêtent le serment civique. Le vénérable ~~Jean~~ Rabaud, présidant le synode du Bas-Languedoc en 1790, rend grâce « pour le bonheur que l'heureuse constitution promet aux Français ». En mai 1791, le synode des *départements* (c'est le nom qu'il prend officiellement et volontairement) des Charentes et Gironde, après le serment civique, invite deux des membres du corps municipal de Gensac à assister aux séances. En juillet, le synode de la *ci-devant* province du Dauphiné agit de même, et celui de Vervins, consacre par le même acte son attachement à la Révolution.

Partout le culte s'établit publiquement et ouvertement.

A Paris, dès les premiers jours des Etats généraux, l'église a ses réunions dans une salle de la rue Mondétour (7 juin 1789), et cherche presqu'aussitôt à s'en procurer une autre plus vaste et plus convenable, mais aussi plus en vue. On hésite, car on n'a encore aucune espèce d'autorisation. Rabaut-Saint-Etienne, député à l'assemblée nationale, conseille la prudence. Voici la lettre qu'il adresse à ce sujet au pasteur Marron :

« Ce n'a pas été sans un petit mouvement d'alarme que j'ai appris la pensée de quelques-uns de nos amis pour le choix d'un lieu convenable à notre Société. Celui auquel ils ont pensé est assurément très favorable, mais pour une espèce de début, il me paraît beaucoup trop apparent... Je pense d'ailleurs que les amis de Paris doivent, moins que les autres, se mettre en ostentation avant d'avoir obtenu ce que tous ensemble désirent. Ce serait fournir aux malveillants un prétexte d'accuser d'ambition la société entière et un moyen de porter dans l'Assemblée nationale de mauvaises impressions dont les amis de Paris se ressentiraient les premiers. Je vous prie donc de faire que l'on renvoie cette idée à un autre temps[1]. »

Ce temps ne fut guère éloigné. En janvier 1790, on célèbre le culte rue Dauphine et le local devient bien vite trop étroit, grâce aux efforts du très actif Marron et aussi un peu

[1] Lettre du 14 octobre 1789, Conservée par M. Ch. Frossard, citée d'après le *Bulletin du protestantisme français*, 1889, p. 310.

de Rabaut-Saint-Etienne qui parfois préside le service divin.

Toute crainte vis-à-vis du pouvoir ayant disparu, on s'occupe de l'aménagement d'un local plus vaste et plus digne. L'église Saint-Louis du Louvre, construite en 1740, ayant été confisquée aux catholiques, on la loue 16,500 livres par an. Cette somme considérable prouve la prospérité du protestantisme parisien.

A l'intérieur, les chapelles des saints sont enlevées, une nouvelle chaire est édifiée et, sur deux plaques de marbre, on grave d'un côté la déclaration des droits de l'homme, de l'autre l'oraison dominicale. Extérieurement, une inscription en gros caractères porte : « L'an de Jésus-Christ 1791 et l'an II de la Liberté. Edifice consacré à un culte religieux par une Société particulière. Paix et Liberté. » Ces mots semblent résumer la somme d'audace que les protestants se crurent permise.

Lors de la dédicace (22 mai 1791), Marron prononce un long et emphatique discours. Peu après, le maire de Paris, Bailly, accompagné d'une délégation de douze membres du corps municipal, assiste au service d'actions de grâce célébrant l'achèvement de la constitution [1].

Dans toute la France, même activité. Partout on acquiert, on édifie, le nombre des pasteurs va en augmentant rapidement, grâce aux emprunts faits à la Hollande, à Genève, à la Suisse. Les plus misérables églises renaissent à une vie inconnue depuis bien des générations. Par exemple celles du Cher, réduites à deux par la persécution, végétant par les soins d'un seul pasteur, en appellent un second dès 1790 [2].

Les pouvoirs sollicités se montrent remplis de bienveillance. L'Assemblée rend aux protestants du pays de Montbéliard les pensions dues aux ecclésiastiques, restitue aux églises les presbytères, les écoles et les lieux de sépulture, tous les droits violés par Louis XIV au mépris des traités de Ryswich et Ratstadt.

Les autorités locales imitent l'exemple donné d'en haut. Le corps municipal de *Metz* place à la disposition des protestants le temple des Dames de la propagation de la foi (20 sep-

[1] Cf. A. Lods. *Bulletin du prot.*, 1889 p. 357 sq.
[2] *Archives du christianisme*, 1819, p. 428.

tembre 1790). En 1791, les réformés peuvent acquérir à *Uzès* l'ancien couvent des Cordeliers, l'année suivante, à *Alais*, une chapelle de la confrérie des Pénitents [1]. Il en est de même dans un grand nombre de localités de toutes les parties de la France. A *Dieppe,* en 1792, les protestants sont constitués en société religieuse ; ils ont un culte, un pasteur, une école enfantine, un conseil de paroisse [2].

A *Castres*, les assemblées se tiennent depuis l'édit de tolérance, dans une grange à l'intérieur de la ville. En décembre 1789 on discute longuement la question de l'aménagement d'un local, en janvier 1790 on adopte un réglement d'ordre intérieur dont certaines dispositions ne manquent pas de piquant. On décide par exemple :

Que le culte principal avec sermon aura lieu le dimanche matin.

Que la lecture commencera à 9 heures et demie, le pasteur montant en chaire une heure après.

[1] *Annuaire Rabaut*, 1806, p. 83, etc.
[2] S. Hardy. *Histoire de l'Egl. protest. de Dieppe,* p. 439.

Qu'il n'y aura, le parterre étant excepté, aucune place de distinction pour personne, les places appartenant aux premiers occupants. Le côté droit et la galerie sont réservés aux hommes, le côté gauche aux femmes.

Qu'on se rendra au culte en costume décent, et non, comme à la campagne, ou l'on porte des costumes négligés. Que chacun doit rester tête découverte, sauf quelqu'infirmité.

Qu'aucune conversation ne devra être tenue. Enfin qu'on se tiendra debout pour la prière, mais que si quelqu'un se faisait un scrupule de prier debout, il lui sera loisible de prier à genoux.

La *Commission permanente*, dirigée par l'actif Crébessac, s'accupe avec soin de la réorganisation de toutes les Eglises de la contrée, en se conformant aux résolutions de l'antique *Discipline*. Au début de 1793 elle renforce ses rangs de deux nouveaux membres Job Jaffard et J. Fabre, et le 23 mars, procède à la consécration au saint ministère de P.-C. Verger[1].

Une ère nouvelle semble commencer.

[1] Rabaud, *Histoire du prot. dans l'Albigeois et le Lauragais*, II, p. 398.

Le bruit court, et la chose est très possible, qu'un grand nombre de familles protestantes réfugiées en Allemagne vont profiter de l'invitation de l'Assemblée constituante, et se disposent à venir jouir dans leur ancienne patrie de la liberté religieuse et y rapporter leurs capitaux et leurs industries [1].

On parle même d'oublier l'inoubliable, d'unir Rome et Genève. Rabaud-Saint-Etienne préconise une complète réconciliation. Il semble digne de pardonner les injures d'hier, et généreux de n'en point craindre pour demain. Dans de nombreuses églises, pasteurs et curés se donnent l'accolade civique aux appplaudissements de la foule, et confondent leur ministère devant les autels de la Patrie.

Certains membres du clergé catholique faisaient les premières avances. Ils croyaient qu'acceptant la Révolution, ils pouvaient habiter l'édifice nouveau sans sortir de l'ancien. Envahis par le sentimentalisme philosophique

---

[1] Cf. *De l'état des protestants en France*, par M. Aignan, de l'Académie française, Paris 1818. Naturellement la suite de la Révolution empêcha la réalisation de ces projets.

de l'époque, peu gênés par des questions de doctrine; ils ne voyaient pas la raison les séparant de gens qui, après tout, adoraient le même Dieu. Tous ne prêchaient-ils pas la même vertu de la même voix ampoulée ?

Mais tout cela est superficiel. Au fond, on se hait encore et quelques incidents caractéristiques le devaient bien montrer. Dès que le désordre commence à régner en France, là où catholiques et protestants sont nombreux, deux camps se forment, remplis de méfiance et d'hostilité réciproques. Les troubles éclatent, en apparence politiques, en réalité pleins du vieux ferment confessionnel.

On crie « vive le Roy », et en même temps « vive la croix ! » Des ligues se forment, des proclamations violentes circulent et s'affichent. « Fermez aux protestants, disent-elles, les portes des charges et des honneurs civils et militaires... Vipères ingrates que l'engourdissement de leurs forces mettait hors d'état de vous nuire, réchauffées par un bienfait, elles ne reviennent que pour vous donner la mort. Ce sont vos ennemis-nés »[1].

[1] C. Rabaut, op. cit., II, 418.

A *Castres*, on découvre un complot ourdi par les nobles et les prêtres, ayant pour but l'égorgement « à la sourdine » des calvinistes.

Au commencement de 1790, à *Uzès*, sur une alarme subite, deux mille catholiques s'emparent de l'évêché et de l'hôtel de ville afin de se mieux défendre contre les protestants qui s'arment pour le massacre ! Dans le même temps ceux-ci s'assemblent sur l'Esplanade, remplis de terreur à la pensée d'une nouvelle Saint-Barthélémy.

A *Montauban*, le 10 mai 1790, grande effervescence parce que l'on exproprie des communautés religieuses. Les protestants prennent peur, s'arment et s'emparent de l'hôtel-de-ville. Les catholiques en font le siège, tuent cinq réformés, en blessent vingt-quatre. Des bandes armées accourent de toutes parts et, terrifiés, 4000 protestants s'enfuient hors de ville.

A *Nîmes*, en juin, les événements sont plus graves. Les protestants forment l'élite de la population. Au nombre de 12,000, ils font vivre 30,000 personnes et fournissent cinq députés à l'Assemblée. Le 13 juin 1790, un conflit éclate à propos d'une élection, et toute la nuit on s'entretue. Au jour, les Cévenols arrivent en foule, on assiège le chef catholique Froment et on le massacre avec sa troupe. Plus de cent-vingt maisons sont mises à sac, le pays tout à l'éntour ravagé, les pertes sensibles des deux côtés. La garde de Montpellier vint enfin rétablir l'ordre[1]. Les ressentiments amenés par cette lamentable affaire durèrent assez pour jouer un rôle vingt-six ans plus tard, dans les troubles de la « Terreur blanche ».

[1] Cf. Taine, *Rév.*, I, 329-59; de Pressensé, *L'Egl. et la Rév.*, 131. Sq.; L. Blanc, *Hist. de la Rév.*, II, etc.

CHAPITRE II

L'effondrement du protestantisme.

Le danger toutefois n'était pas du côté
réactionnaire. Le courant de l'opinion, favorable quelques mois aux protestants parce
qu'ils étaient opprimés et remplis d'idées
généreuses, s'en détourna bien vite dès que
l'on sentit en eux un obstacle à la démorali-
sation et à l'anarchie.

Dans leur désir bien naturel de prouver
leur joyeuse adhésion au nouvel ordre établi,
les protestants avaient attiré l'attention sur
eux et introduit dans leur domicile les ennemis de l'heure prochaine. Sur l'autel de la
patrie, il faudra immoler leurs coutumes les

plus chères, leurs droits les plus légitimes, leur existence même.

En premier lieu, avant même la persécution déclarée, abandon forcé de toute relation, de tout colloque ou synode : les chemins sont infestés de vagabonds, autant dire de brigands, la misère est indescriptible, les communications impossibles.

Livrée à ses propres forces, chaque église locale se trouve privée de ses meilleurs éléments, les uns absents parce qu'ils s'occupent de politique, les autres proscrits parce qu'ils sont riches, ou tout au moins suspects parce qu'ils sont bourgeois. Quelqu'énergumène révolutionnaire a-t-il une rancune contre le pasteur, il le dénonce et la fuite forme le seul salut possible.

Nous ne pouvons entrer dans le détail de l'agonie de chaque église. La place nous ferait défaut, mais plus encore les documents. Les choses durent se passer à peu près partout de même. Quelques exemples types suffiront.

Prenons le cas de Bordeaux. Le 20 mars 1793, la « compagnie », après délibération, donne un congé illimité au citoyen pasteur

Blanchon « pour sa sûreté personnelle et la tranquillité de l'Eglise ».

Trois mois se passent. Nouvelle décision : « le pasteur citoyen Desmons a été autorisé à aller, accompagné de deux anciens du Consistoire, à la maison commune offrir en don pour la République les deux plats et les quatre coupes en argent qui servent dans nos deux églises pour célébrer la Cène » (21 nov. 1793). Au retour, Desmons rapporte qu'il a reçu du maire le baiser fraternel. Ce qui n'empêche pas le Consistoire *unanime* de décider que plusieurs églises catholiques ayant été fermées, il serait prudent de suspendre provisoirement le service.

Ce n'est pas très héroïque ; c'est plus digne que ce qui se passa en maints autres lieux.

Faut-il parler d'Uzès ?

« L'an second de la République française une et indivisible, et le onzième pluviôse, le conseil général de l'Eglise protestante extraordinairement assemblé...

« Le président a dit que les citoyens anciens, réunis en consistoire, sur la motion d'un membre, l'avaient chargé de convoquer le conseil de l'Eglise pour lui témoigner que dans ces circonstances extraordinaires où les vrais républicains s'oublient eux-mêmes, se devaient à la Patrie et sacrifiaient tout au maintien de l'unité et de l'indivisibilité de la République, il paraissait que l'Assemblée devait offrir les deux coupes et le bassin d'argent qui sont les deux seuls objets d'argent appartenant à l'Eglise, persuadés que tous les protestants concourraient avec la plus grande satisfaction à cet acte de civisme.

« Le Conseil, applaudissant aux vœux patriotiques du Consistoire, exprime les mêmes vœux.[1] ».

Vaines concessions... Tout aussitôt la commune réquisitionne les chaises et les bancs du lieu de culte, et on les accorde.

Le même fait se reproduit partout. Nîmes, la plus grande des églises, a ses cultes supprimés le 4 ventôse an II (22 février 1793); les pasteurs Gachon et Vincent abandonnent leur ministère. C'est la complète débandade.

A Paris, Marron s'était adjoint le pasteur Laplanche qui l'abandonne après quelques mois pour se lancer dans la politique. Le

[1] Pour tous ces curieux documents, consulter Doumergue, *La Veille...*, p. 87. 59.

21 septembre 1793, Marron est réveillé à cinq heures du matin par vingt fusilliers qui l'arrêtent sans motif autre que d'avoir déplu aux Jacobins. Remis en liberté, il garde de ces heures sombres le plus terrifiant souvenir, et son premier désir devient d'en éviter le retour. On abandonne le culte du dimanche pour célébrer le décadi ; on offre les ustensiles de la cène. Marron en personne les dépose sur le bureau de la Commune et prononce un discours étrange, blasphématoire autant qu'emphatique dans la bouche d'un ministre de l'Evangile :

« Citoyens Magistrats du peuple,

« Je vous apporte au nom de l'Assemblée administrative de l'Etablissement religieux des protestants de Paris, les seules pièces d'argenterie qui servent à ce culte, auquel ordinairement le Préjugé, quelquefois aussi la Raison, reprochaient une nudité extrême. Tous les rangs confondus trouvaient dans ces coupes l'Egalité, la Fraternité, compagnes inséparables de la Liberté...

« Recevez, citoyens, mon serment inviolable de concourir avec un zèle jaloux de ne pas rester au dessous du vôtre, à étendre le règne de la Raison, à asseoir sur des lois inébranlables l'auguste empire de la Liberté, de l'Egalité, de la Fraternité. Haine à tous ces échafaudages de mensonges et de puérilités que l'Ignorance et la mauvaise foi ont décoré du nom fastueux de Théologie ! Hommage au bon sens, à la vertu, aux immortels et éternels principes de l'Evidence et de la Morale ! Vive la République ! [1] »

Marron croyait avoir plié l'échine assez bas pour se permettre la célébration d'un mariage. Arrêté, le 9 thermidor seul lui sauva la vie.

Le Midi est plus particulièrement frappé. Les abdications, les abjurations de pasteurs sont nombreuses. Celle de *Mingard* fut portée à la connaissance de tout le Gard par un arrêté du représentant Borie (16 prairial, an II, 6 juin 1794)[2]. *Elie Dumas* fait, le 28 prairial, une déclaration nettement anti-religieuse. *Gauthier*, de Cros, s'en tire avec un peu plus de noblesse. « Citoyens, écrit-il, ennemi du fanatisme comme de l'impiété, en montrant

----

[1] *Encyclopédie religieuse*, V, 192 ; Cf. *Bulletin du Protest.* 1889, p. 364.

[2] *Rev. Chr.*, 1877, p. 421.

toujours le danger de ces deux extrêmes, je
tâchais d'imprimer chez tous l'amour de l'ordre et de la vertu. J'aimais d'autant plus mon
état qu'il me donnait un heureux ascendant
pour amener les hommes à la pratique de
toutes les vertus, comme à de l'éloignement
de tout vice. »

La lettre de *Jean Rame*, pasteur à Vauvert,
est un aveu de toutes les faiblesses d'alors et
à la fois leur meilleure explication. « Ministre du culte protestant, nos discours, j'ose le
dire, n'ont respiré que la saine morale, n'ont
eu pour but que de former l'homme et le citoyen ; néanmoins, parfaitement convaincu
que la célébration de tout culte extérieur et
public, dans les circonstances actuelles pourrait alimenter le fanatisme, irriter la malveillance et par cela même, entraver la marche du mouvement révolutionnaire que tout
bon républicain doit accélérer de tout son
pouvoir, je viens, en conséquence, vous déclarer avec toute la sincérité dont je suis capable, que je renonce, dès à présent, aux fonctions de prédicateur, et que mon ambition se
bornera désormais à me rendre dans le temple de la Raison avec nos frères, nos chers

concitoyens, pour m'entretenir avec eux des devoirs de l'homme et du citoyen, chanter des hymnes à la Liberté et à l'Egalité et apprendre à mourir, s'il le faut, pour les défendre. Puisse mon exemple avoir beaucoup d'imitateurs ! Puissé-je bientôt voir les torches de l'horrible fanatisme entièrement éteintes dans ce département qui en a été si souvent incendié !... Tel est mon vœu, et je mourrai content ![1] »

Les temples sont fermés ; le Désert mérite réellement ce nom, car nul rocher ne retentit du rythme cadencé des psaumes ; les hommes que leur ministère désignait pour résister jusqu'au bout ont cédé ; la vieille Eglise réformée est bien ruinée. Du nord au midi, sur tout le territoire de la France, le culte huguenot a disparu.

On a contesté la chose. Elle ne nous paraît que trop évidente, au témoignage même des contemporains les plus dignes de foi.

« Je vois avec douleur, écrivait D. Encontre, que nous vivons *absolument* sans culte.

[1] Cité d'après Maury, *Le Réveil*, qui renvoie à Rouvière, *La Révolution dans le Gard*, Nîmes IV, 382, 59.

On parle d'obstacles ; allons donc à la campagne, mettons-nous à l'ombre d'un chêne ou à l'abri d'un mur; c'est ainsi qu'en usaient nos pères. Rougirions-nous de les imiter? Quelqu'un a proposé d'aller au cimetière ; je souhaiterais qu'en effet nous puissions nous rassembler dans un lieu déjà consacré par les tristes et précieuses dépouilles qu'on lui confie. En foulant la cendre des morts, nous nous sentirions invités au recueillement et au silence ; nos cérémonies en seraient plus graves, plus augustes et produiraient plus de bien.[1] »

Encontre ne parlait que pour la région du Gard. Un autre témoin viendra nous montrer qu'il en est de même dans la France toute entière. Rabaut le Jeune voulant publier en 1807 un annuaire protestant, s'informe auprès de toutes les églises de leur situation actuelle et de leur passé. Or, à maintes reprises, il revient sur la disparition de tout service religieux. Relevons quelques exemples :

A propos de la communauté de Sédan, il parle d'un pasteur qui la dirigea « jusqu'à l'époque désastreuse du gouvernement révo-

---

[1] Cité par Puaux, D. Encontre. *Rev. Chr.*, 1877, p. 421. Voir la lettre entière, Bourchenin, *D. Encontre*, p. 38, sq.

lutionnaire, où toutes les églises furent fermées et les pasteurs dispersés » (p. 27). De même à propos du Dauphiné : « Pendant la Révolution, le culte y a été interrompu comme dans toute la France » (p. 56). Nouvelle déclaration plus loin : « Pendant la Révolution l'église réformée de Lille cessa l'exercice de son culte comme toutes celles de France » (p. 203). Sur tout le territoire de l'ancienne France, il ne cite qu'une exception : « Tandis que le reste de la France était sans temples et sans pasteurs, le culte ne fut point interrompu à Sainte-Foix (Gironde) et dans les environs [1] » p. 113.

Nous voici loin de ce qu'écrivait de Pressensé : « Nous avons constaté par des documents irrécusables, confirmés par le répertoire ecclésiastique publié en 1807 par Rabaut jeune, que dans la plupart des églises le culte avait continué à se célébrer pendant la tourmente révolutionnaire, tantôt dans une grange, tantôt dans une maison écartée [2] »

[1] Il faut y ajouter le fait que le gouvernement ayant appelé à Bezançon une colonie de Suisses pour y exercer l'horlogerie, un culte protestant s'y célébra publiquement à partir de l'an II et ne fut point interrompu (p. 56).

[2] De Pressensé. *L'Egl. et la Rév.*, p. 540.

Nous ne savons quels sont ces *documents irrécusables*. L'annuaire Rabaut, loin de les confirmer, les contredit en tout cas d'une façon très positive. Nous avons cité et nous citerons encore des exceptions à la disparition du culte, elles ne paraissent que bien peu nombreuses.

Nous sommes surtout loin de l'avis exprimé par un professeur à l'Université de Paris, opinion qui semble assez répandue, « qu'on ne ferma que peu de temples, et qu'il semble bien que la grande majorité des protestants des deux communions continuèrent à exercer leur culte pendant toute la Terreur [1] ».

Bien plus; ce ne fut même pas à la force brutale que se soumirent les protestants. « Dans ces jours d'affliction et de deuil, écrit encore Rabaut, où le culte des Réformés fut enveloppé dans la proscription de tous les cultes, quelle conduite tinrent les pasteurs et leurs troupeaux ? Ils obéirent ; pleins de confiance dans la divine Providence, ils attendent avec soumission le jour de la délivrance que

[1] F,-A. Aulard. *Etudes et leçons sur la Révolution,* 2ᵉ série, p. 157.

l'excès des maux devait amener ; ils ne fomentèrent pas la guerre civile, ils n'abandonnèrent pas leur patrie, et plusieurs périrent victimes de leur dévouement aux bons principes [1] ».

L'aveu, pour être candide, ne manque pas de précision, et, à un siècle de distance, c'est avec douleur que nous constatons cette « confiance dans la divine providence » qui se manifeste par la « soumission » et l' « obéissance » aux ordres impies et blasphématoires. Il y a dans cette phrase de Rabaut comme le reniement de toute la gloire de ses pères, qui, eux, savaient abandonner leur patrie pour ne pas perdre la foi, et surtout sacrifier leur vie à la nécessité du culte public. Que serait devenue l'Eglise si les hommes du Désert avaient manifesté leur confiance en Dieu par la même attente soumise et la même foi dans « l'excès des maux » ?

De telle sorte que l'image fidèle de la destruction de l'Eglise n'est point celle du vaisseau — tel le *Vengeur* — qui disparaît, les flancs déchirés par l'artillerie ennemie, son équipage sur le pont, en ordre parfait, ses officiers au premier rang, le drapeau haut

[1] *Annuaire,* p. 12.

dressé en face de l'adversaire... Non, c'est le navire frappé par la tempête parce que les marins inattentifs n'ont point vu l'ouragan tout proche, et qui maintenant sombre en pleine mer, triste épave abandonnée !

Comment ruine si lamentable fut-elle possible? Pourquoi une telle peur de l'opinion, tant d'églises abandonnées avant tout danger réel et mortel « dans l'intérêt de la paix publique », « parce que les églises catholiques ont été fermées » ? Pourquoi tant de bassesses et de flagorneries devant le pouvoir? Pourquoi tant de désertions, de lâchetés, d'apostasies, d'insultes à ce que l'on adorait et jusqu'à Dieu lui-même? Qu'est-elle devenue la fierté huguenote? Comment les descendants des nobles Camisards se sont-ils trouvés si peu leurs enfants légitimes ?

Questions graves, auxquelles nous essayerons de répondre avec le sentiment de notre propre faiblesse, tout en nous souvenant que les petits-fils avaient à leur libre disposition les vertus du Dieu le même hier, aujourd'hui et éternellement, la force par laquelle les aïeux bravaient galères, roues et bûchers.

CHAPITRE III

Les causes de la catastrophe.

En premier lieu il convient de se rendre un compte exact de la gravité de la persécution.

Ni feu ni tortures, la vulgaire guillotine! Mais à certains égards, la lutte est plus difficile que sous Louis XIV.

Il est nécessaire d'y insister, car l'opinion se répandrait vite qu'on eût pour les protestants des ménagements particuliers.

Ainsi M. Aulard écrit : « Pendant la période du culte de la Raison et de l'Etre suprême, les protestants n'avaient pas été complètement à l'abri des violences exercées malgré la loi et malgré le Comité du salut public, contre le christianisme. On avait fermé les temples, emprisonné quelques pasteurs non abdicaires, affecté de traiter les protestants de la même façon que les catholiques... On voyait dans les protestants d'intéressantes victimes de l'ancien régime, et aussi des initiateurs de la démocratie et du système parlementaire.... *Aussi ne ferma-t-on que peu de temples* [1] ».

La persécution ne vient pas d'en haut, mais d'en bas. Elle est le fait de tous, car tous se trahissent, se surveillent, se dénoncent les uns les autres. Ni compromis, ni, comme autrefois dans une partie de la population, sympathie envers des proscrits qui n'ont pas la noblesse de la réveiller par leur glorieux martyre.

Le désordre est partout, et dans le Midi l'agitation extrême. « Dès le printemps de 1792, lorsqu'un citoyen est suspect de malveillance ou seulement d'indifférence envers la faction maîtresse, lorsque par une seule des opinions de son for intérieur, il encourt

[1] F.-A. Aulard, op. cit., p. 153. C'est nous qui soulignons.

la possibilité vague d'une méfiance ou d'un soupçon, il subit l'hostilité populaire, la spoliation, l'exil ou pis encore, si légale que soit sa conduite, si loyal que soit son cœur, si désarmée et inoffensive que soit sa personne, quel qu'il soit, noble, bourgeois ou paysan, vieux prêtre ou vieille femme.[1] » Ceci avant toute guerre, alors qu'officiellement il y a un gouvernement. Que sera-ce lorsque le péril deviendra manifeste, que la guerre civile s'ajoutera à l'envahissement du pays, que le roi sera renversé et la terreur partout ?

Il est impossible donc de se réunir, d'avoir des séances de presbytère, de commission synodale, des colloques qui éveilleraient tous les soupçons et toutes les défiances.

La vie se réduit à peu près à ce qu'on estime le strict nécessaire, à ce minimum de témoignage public qui, à la rigueur, suffit à l'apaisement des consciences.

A ce premier affaiblissement causé par le manque de relations et l'isolement forcé s'en ajoute un autre. Les pasteurs font défaut dès les premiers jours de la Révolution : ils n'é-

---

[1] Taine, *Révolution*, 1, 455

taient pas une centaine sur tout le territoire
français. Or les uns, francs révolutionnaires,
sont absorbés par l'activité nouvelle qui se
présente devant eux, les autres devenus proscrits politiques, partent pour sauver leur vie.
Il siège neuf pasteurs à la Convention et beaucoup exercent dans les villes des fonctions
publiques. Nous ne les en blâmons pas, car
ils ont quitté leur poste à un moment où rien
moins que la persécution ne paraissait à craindre. Il fallait aller au plus pressé, se hâter d'organiser l'ordre de choses nouveau. Mais
l'ancien en souffre et continue à s'affaiblir. Le
23 avril 1793, les citoyens Vincent et Saurin,
nommés députés au prochain synode par le
consistoire de Nîmes, sont chargés d'appuyer
l'article III du dernier colloque de cette ville
« concernant les pasteurs qui acceptent quelqu'emploi civil, aux fins de les obliger d'ab-
diquer les fonctions pastorales pour le temps
auquel ils exercent des emplois [1]. »

Mis en demeure de choisir, beaucoup op-
tèrent pour l'activité publique, et, une fois
pris dans l'engrenage, ne purent reculer et

[1] Registres du Consistoire de Nîmes. Cf. Puaux,
D. Encontre, *Rev. chrét.* 1877, 420.

retourner auprès de leurs églises lorsque quelques mois plus tard, elles auraient eu l'urgent besoin de toute leur assistance.

C'est ainsi qu'un homme de valeur comme *Bernard Sainte-Afrique*, de l'Ariège, chéri et considéré par tous les habitants de cette contrée, accepte les fonctions législatitives et devient membre du conseil des anciens.

De même *Jean Bon Saint-André*, qu'on a pu appeler un des pasteurs les plus éminents de ce temps, pasteur à Castres et à Montauban jusqu'en 1792, représente le Lot à la Convention nationale et poussera le zèle révolutionnaire jusqu'à faire partie de la Montagne.

D'autres ont un champ d'action moins vaste. *Bonifas Laroque*, pasteur à Castres, peut fournir le type de la marche suivie par beaucoup. Passionné de politique, il accepte le poste de membre du Conseil général (15 nov. 1791) et l'occupe de front avec son ministère, et, mis en demeure de choisir entre les deux, il démissionne le 28 novembre 1793[1]. Nous le trouvons en juillet 1794

---

[1] Cf. sur Laroque, les très intéressants articles de C. Rabaut. *Bulletin du prot.*, 1889, p. 337, 393, 449.

en train d'organiser « la fête de l'Eternel » au temple de la Raison.

Puis un piège très subtil était tendu aux protestants, du fait même de leur pleine adhésion à la Révolution. Les premiers temps, tout au moins, la persécution ne paraît pas dirigée contre eux, mais contre leurs ennemis d'hier, les catholiques et les réactionnaires.

Ceci nous amène à nous demander pour quelle cause les protestants furent persécutés alors qu'ils étaient si résolument favorables à la Révolution. Nous devons, pour répondre, jeter un coup d'œil plus général sur l'état religieux de la France.

La Constituante s'était déclarée « attachée au culte catholique, apostolique et romain » (17 avril 1790). Tout en écartant en théorie la motion de proclamer ce dernier religion officielle, elle le maintint en fait religion d'Etat. Mais pour s'assimiler le clergé et en faire un rouage de la nation, elle lui donna la *Constitution civile* et organisait l'*Eglise gallicane*. Les autres cultes restaient tolérés et entièrement libres, puisque personne ne pouvait être inquiété pour ses opinions « même religieuses ».

Mais qu'arrive-t-il ? Le haut clergé dont on brisait l'autorité, et le pape, qui cessait en fait d'être pape, refusent la Constitution civile et entraînent avec eux une forte partie du bas clergé. Au lieu d'avoir la paix, on a la guerre, et l'on entre dans la voie de la persécution violente, parce que le clergé fait cause commune avec les réactionnaires et les émigrés.

Par contre, les prêtres « assermentés » reçoivent la protection des pouvoirs. A cette phase de la lutte, les protestants n'ont officiellement rien à redouter. Leur intérêt bien entendu, leurs sympathies et leurs affinités naturelles les poussent du côté du clergé constitutionnel. C'est la période heureuse. C'est aussi bien vite la période dangereuse, celle qui va engager l'avenir. Car comme il y a lutte entre les deux clergés, qu'on se dispute les églises, qu'on en désaffecte un grand nombre afin qu'elles ne tombent pas entre les mains des réfractaires, les protestants se laissent effrayer et, dans leur grand désir de se distinguer d'avec les réaction-

naires, font les concessions les plus graves,
en particulier celle de fermer les temples.

C'est l'époque où, dans la plupart des
localités, la plupart des bourgs et des villes
du Gard, il se forme des sociétés de dix à
trois cent hommes, suivant la population de
l'endroit, des *tape-dur*, anciens brigands et
repris de justice, ayant parfois un signe
visible de reconnaissance, prenant le titre
de pouvoir exécutif, et qui, sous prétexte de
protéger les « prêtres jureurs », brusquent
la loi, envahissent les maisons, brisent et
pillent, armés de bâtons, de sabres et de
baïonnettes, ou plus simplement se bornent
à fouetter les femmes qui tenteraient de se
rendre encore dans les églises[1].

Mais les choses n'en restent pas là ; le
clergé constitutionnel lui-même se trouve
bientôt compromis. Il pactise parfois avec les
fédéralistes et, menaçant l'unité de la nation,
paraît presqu'aussi dangereux que les réfractaires alliés aux royalistes. En automne 1793,
tout le clergé catholique, assermenté comme
réfractaire, paraît aux démagogues le principal obstacle à la Révolution. On tente alors un

[1] Cf. Taine. *Rev.* I, 442 sq.

grand coup, on veut déchristianiser la France, et l'on proclame le culte hébertiste de la Raison.

C'est la grande époque de la Terreur, alors que dans chaque province les représentants font du zèle et veulent détruire tout culte, quel qu'il soit. C'est alors que, dans le Gard, Borie fait ses plus beaux exploits, dont protestants comme catholiques sont les tristes victimes.

Officiellement, il ne semble pas qu'il y ait à rendre témoignage de sa foi. On ne demande pas aux gens : Coyez-vous ou ne croyez-vous pas ? Etes-vous protestants ? chrétiens ?... On déclare : Vous êtes suspects, et on exécute ! Rien n'incite à la résistance parce qu'il n'y a pas de martyre à proprement parler. Pour aucun des descendants des huguenots la question ne se présente sous cette antique forme : résister aux hommes pour obéir à Dieu, subir la mort du corps pour éviter l'éternelle perdition de l'âme.

Dans cette première période où les temples se ferment, les troubles sont donc en apparence politiques. Dès la première heure, les protestants ont pris position en tant que citoyens. Ils ont été les révolutionnaires et, devenus à leur tour des arriérés et des suspects, ils perdent pied dans le domaine religieux, croyant ne céder que sur le terrain politique.

Ne s'en doutant en aucune manière, ils abjurent tout ce qui a fait leur grandeur historique et morale, toute leur foi, toutes leurs espérances futures.

Un peu après, lorsque la Terreur proprement dite règne sur toute la France, lorsque les Jacobins en veulent à la religion et à Dieu lui-même, il n'en est plus tout à fait ainsi. Sans nul doute, on aurait voulu alors se ressaisir. Il est trop tard. Les concessions sont faites, les postes au pouvoir de l'ennemi, la ville entière virtuellement conquise !

Les chefs, venus de Paris, ont ordre d'extirper tout ce qui n'est pas culte de la Raison. Ils ne sont là que pour surexciter et ils savent merveilleusement leur métier. Veut-on savoir dans quel esprit ils agissent ? Voici un arrêté de Lesquinio, représentant du peuple dans les Charentes, qui est typique.

« Afin que la liberté des cultes existe dans
toute sa plénitude, il est défendu à qui que
ce soit de prêcher ou écrire pour favoriser
quelque culte ou opinion religieuse que ce
puisse être. » A l'arrêté est joint un commen-
taire : ... « Tout homme qui s'avise de prêcher
quelque maxime religieuse que ce puisse être,
est par cela même coupable envers le peuple. Il viole l'égalité sociale qui ne permet
pas qu'un individu puisse élever publiquement ses prétentions idéales au-dessus de
celles du voisin... Donc, il est expressément
défendu à tout citoyen ci-devant ministre de
quelque culte que ce soit, de prêcher, écrire
ou enseigner la morale sous peine d'être regardé comme suspect et, comme tel, mis sur
le champ en état d'arrestation[1]. »

Or, arrestation, jugement, exécution, cela
se succède dans les vingt-quatre heures. Un
siècle avant, on y mettait plus de formes.
L'âme avait le temps de se ressaisir, d'implo-
rer Dieu, de soutenir le martyre.

Maintenant il n'y a plus d'églises, plus de
troupeaux, plus que de *ci-devant* pasteurs.

[1] Cf. Taine, *Rev.*, III, 85, note.

Mais ceux-ci parfois se permettent un conseil, un encouragement. Ils commencent peut-être à s'apercevoir que l'église est sur le bord de l'abîme et que l'heure de réagir n'a que trop tardé.

Il faut faire cesser cela. Les arrêtés du sinistre représentant Borie, arrivé à Nîmes en janvier 1794, y pourvoient. Le 16 prairial an II (4 juin 1794), il supprime tout culte dans le Gard et exile à vingt lieues de leur résidence tout prêtre ou pasteur constitutionnel ou ayant abjuré. Voici les termes même de son décret :

« Considérant que toutes les communes du Gard ont renoncé au culte public ;

« Que la presque totalité des ci-devant prêtres ou ministres protestants y ont accéléré le progrès de la religion en abdiquant leurs fonctions ;

« Article premier. — Tout prêtre ou ministre protestant qui a exercé les fonctions de son ministère dans une commune, sera tenu de s'en éloigner à la distance de vingt lieues, sous peine d'être réputé suspect et puni comme tel...

« Les prêtres et les ministres qui n'ont ni

renoncé à leur état, ni abdiqué les fonctions
qu'ils remplissaient dans les communes qui
ont abdiqué tout culte public, seront tenus de
se rendre dans les trois jours au chef-lieu de
leurs districts respectifs, où ils resteront jusqu'à nouvel ordre sous la surveillance des
corps administratifs.

« Le désœuvrement étant un crime politique, les districts pourront employer les prêtres aux travaux publics [1] ».

C'est à ce moment que Rabaut père, âgé
de 76 ans, fut traîné à la citadelle de Nîmes
sous les insultes de la populace, jeté en prison et si maltraité qu'il mourrait le 25 septembre 1794.

Telle est la nature de la persécution. Elle
est terrible à coup sûr. Mais à elle seule elle
n'eût jamais réussi à amener un effondrement
aussi complet. Lorsque l'ouragan passe, il
peut bien enlever le toit, renverser les murs
même d'un édifice. Mais si les fondations
elles aussi ont souffert, c'est qu'un lent tra-

---

[1] Cf. H. Wallon, *Les représentants du peuple en mission et la justice révolutionnaire dans les départements,*
II, p. 432.

vail antérieur en a préparé la ruine. De toutes
manières l'Eglise de France pouvait être ren-
versée par le tourbillon révolutionnaire, mais
sa chute aurait pu nous être en édification.
Au-dessus des ruines amoncelées il se fut
élevé, en holocauste de bonne odeur, une
protestation qui fait défaut. L'esprit, s'il était
demeuré libre, eût manifesté cette liberté,
nous ne savons par quel moyen, mais d'une
manière certaine.

Tel n'est pas le cas. L'extérieur, la super-
structure de l'Eglise n'ont pas été seuls rui-
nés; le souffle subtil et destructeur, avant
d'être cyclone, a sourdement rongé les bases
mêmes de l'édifice.

Il y a eu une lente préparation, une lente
élaboration des sucs toxiques qui, se répan-
dant tout à coup dans l'organisme entier,
amenèrent une subite prostration de toutes
les énergies. Sans cet empoisonnement ini-
tial, les circonstances eussent-elles été cent
fois plus contraires, la persécution plus rigoureuse et plus générale, qu'un corps aussi
bien organisé n'eût pas disparu en aussi peu
de temps.

Car, ecclésiastiquement parlant, si la décadence existait, du moins ne se montrait-elle que peu. En 1763 se réunit le dernier synode national. Mais la vie administrative est loin de cesser à cette date. De 1763 à 1792 on ne compte pas moins de soixante-trois synodes provinciaux, auxquels il faut joindre toutes les réunions de moindre importance, tels que les colloques qui se tiennent fréquemment et régulièrement. Rien qu'à Nîmes, il en siège onze de 1770 à 1787.

Leurs réunions ne sont pas de vaines parlottes. On y délibère et on y agit. En 1782, D. Encontre ayant quitté la France sans motifs valables, est rayé par un synode du nombre des proposants [1].

Un peu auparavant, en 1774, le synode du Bas-Languedoc avait censuré les sermons nouveaux sur l'Ecriture sainte de M. J. R. D. S., parce qu'ils contiennent des morceaux jugés « indignes de la chaire et contraires à la pureté et à la sévérité de la morale évangélique.

Le 21 janvier 1788 la « Province » étant réunie à la Capelle près Theillardie, les pasteurs Sicard jeune et Lanthois étant absents,

[1] F. Puaux. D. Encontre, *Rev. Chr.*, 1877, 616.

sont « requis de se justifier au prochain synode[1] ».

Les exemples de cette action des rouages
administratifs de l'Eglise sont nombreux, et il
serait difficile d'en contester l'efficacité.

Là n'est donc pas la cause de la désertion
du vieil huguenot devant l'ennemi, avant
même que la lutte batte son plein, que l'adversaire ait déployé tous ses bataillons, dé-
masqué toutes ses batteries. Nous devons
remonter plus haut encore, c'est-à-dire rechercher des raisons d'ordre plus grave
qu'une simple question d'organisation.

Il faut le dire, avec la plus profonde tristesse, mais par respect pour la vérité historique : avant qu'ait passé le torrent révolutionnaire niveleur et impie, l'Eglise des
Calvin, des Théodore de Bèze, l'Eglise des
Cévenols, l'Eglise du Désert, l'Eglise des
roues, des galères, des bûchers, l'Eglise de
la foi sereine, puissante, invincible, l'Eglise
réformée de France en un mot, déjà n'existait
plus. Il y avait un corps constitué, possé-
dant ses colloques, ses synodes, sa confession de foi toujours la même ; il y avait des

[1] C. Rabaud. *Hist. du prot. dans l'Albigeois.* II, p. 390.

gens qui lisaient la Bible, allaient au culte, se conduisaient fort honnêtement; il y avait des pasteurs qui développaient en longs sermons des textes de l'Ecriture sainte, faisaient des catéchismes, des baptêmes, des mariages, des enterrements, des consécrations, des représentations aux pécheurs scandaleux, célébraient la Cène et administraient l'Eglise, mais tout cela n'était que vêtements fort bien taillés et de fort bonne étoffe, recouvrant un cadavre; la foi, elle, n'existait plus, nous entendons cette foi agissante et vivante qui seule fait les martyrs.

Ce qui autrefois était religion s'est transformé en philosophie. Et quelle philosophie!.. Elle est habillée à la chrétienne, il est vrai, mais d'autant plus pitoyable.

Les laïques, n'ayant pu occuper de fonctions libérales pendant les persécutions, leur niveau intellectuel se trouve à l'étiage, et leur esprit, dépourvu de culture, incapable de soupçonner les dangers ambiants. Les pasteurs, dans leur immense majorité, n'étaient en fait que des paysans arrachés à leur terre, dégrossis à peine par leurs deux ans d'Académie, à Lausanne, et lancés dans une vie aventureuse qui ne leur permettait aucun développement ultérieur. Ils sont fidèles et consciencieux ; leur maigre bagage de théologie, grâce à leurs efforts, suffit à édifier la routine de leurs ouailles, mais non à les mettre en garde contre les séductions de la philosophie du jour.

Quant à l'élite, elle souffre d'une circonstance assez grave pour qu'il soit impossible sans en tenir compte, de comprendre la situation du protestantisme en ces heures sombres. Il faut se souvenir en effet que les églises réformées traversaient une crise religieuse intense lorsqu'elles furent victimes de la politique du clergé de France. « C'était le moment où l'illustre Claude entreprenait une traduction de la Bible et où La Bastide préparait une révision de la liturgie. Papin venait de publier un petit livret qui, sous le titre de « La foi réduite à ses justes bornes », posait le grave problème de l'autorité en matière de foi, qui soulevait hier encore dans nos Eglises de si vives controverses ; Pajon soutenait les théories les plus hardies sur l'action du Saint-Esprit et l'école de Saumur soumettait la confession de foi de La Rochelle à la critique de ses savants professeurs. A ce moment aussi, la prédication protestante brillait d'un rare éclat et jamais en aucun temps pour la servir notre Eglise compta plus d'orateurs, de savants, d'érudits. Cet admirable mouvement fut arrêté par la Révocation qui, dispersant les forces vives du protestantisme, lui porta une atteinte dont il ne s'est point encore complètement relevé.

« La période du Désert, avec son héroïsme, reste l'histoire d'une Eglise qui lutte avec désespoir pour ne pas disparaître. Au long cours du XVIIIe siècle, tout l'effort de la pensée protestante se résume dans un plaidoyer incessant en faveur de la liberté religieuse. Lorsque le but eut été atteint au prix de souffrances sans nom, le protestantisme se vit menacé par des ennemis contre lesquels il se trouva sans défense[1] ».

Ces hommes donc, après un sommeil forcé d'une centaine d'années, rentrent dans le grand courant public et ils ne s'aperçoivent même pas que sous l'immobilité feinte tout a

---

[1] Puaux. La prédication pendant le premier Empire, *Rev. Chr.* 1892, 1, 321.

changé autour d'eux, et en eux aussi ; que les dogmes ne correspondent à plus rien de vivant et, morts eux-mêmes, ils ne sentent pas que la vie s'est retirée du vieux tronc séculaire.

Le coup de vent survient et tous sont à terre, à peine étonnés, il faut le reconnaître, car la chute ne leur a pas paru très grande. Il est vraiment curieux de constater avec quelle philosophie sereine, un peu plus tard, les mêmes hommes reconnurent la chose. Rabaut le Jeune, par exemple, ne s'étonna jamais d'une si rapide disparition du culte.

C'est à la lecture des sermonaires de la deuxième moitié du XVIIIe siècle, que le manque de vie chrétienne apparaît sensible. Plus encore l'examen du niveau des études fait toucher au doigt la décadence. Pour cela il faudrait nous transporter à Lausanne ou à Genève, dépeindre le milieu religieux glacé dans lequel les jeunes cœurs français avaient à faire leur théologie. Cela nous conduirait trop loin de notre sujet. Bornons-nous donc à faire quelques remarques.

Déjà en 1774, Rabaut père se plaint de l'abandon du culte et de la négligence des intérêts supérieurs de l'âme. Dans une lettre du pasteur Pomarel au pasteur Roland, nous trouvons cette phrase pleine de découragement : « la génération arrivée à la maturité s'abandonne à l'indifférence, sinon à l'incrédulité [1] ».

A Luneray, on demande la destitution d'un pasteur qui avait une prédication plus dogmatique que morale [2].

Enfin les prédications roulent surtout sur des sujets vagues et sans portée spécifiquement chrétienne. Les sermons de La Source, qui produisaient la plus profonde impression, portent leur date pour le fond comme pour la forme. Il n'est plus question que de « l'Etre suprême », de l' « Architecte de l'Univers », du « Grand Etre » [3].

Les meilleurs, certes, sentent tout ce qui manque au christianisme qui les environne, mais ils n'arrivent pas à définir la lacune et encore bien moins à la combler.

Dans son « Essai sur les études et les exercices du saint ministère », qui contient plus

[1] De Pressensé. *L'Egl. et la Rév.*, 2e éd., p. 452.
[2] Maury. *Le Réveil*, I, 236.
[3] *Bulletin du prot.*, 1889, p. 27.

d'un aperçu excellent, DuVoisin énumère les qualités du prédicateur :

« La première, dit-il, qui lui est indispensable, est une bonne vie et la piété. La plupart des païens, Aristote, Platon, Cicéron, ont mis la probité au rang des qualités essentielles à l'orateur. » Voilà la marque de l'époque. Entre la piété chrétienne et la vertu antique, toute différence essentielle a disparu.

Cette piété si indispensable « s'acquiert par la lecture de la Bible et la prière ». Jamais il ne s'est dit qu'elle est donnée. Elle s'acquiert ! Elle est une conquête, non une grâce, le fruit d'un travail, non d'une humiliation, d'un brisement du moi, une création nouvelle.

Tout au moins la constatation du manque de force se trouve avouée. « A parler sans exagération, le grand nombre de prédicateurs parmi nous ne sont pas absolument étrangers à ces vertus morales que leur état les appelle à décrire et à recommander ; il en est du moins très peu qui sont en scandale public par le déréglement de leur vie. Mais pour faire un orateur chrétien il faut quelque chose de plus que cette régularité de vie et de mœurs qui constitue l'honnête homme dans la société et qui met un prédicateur à l'abri du reproche d'hypocrisie et d'impudent charlatanisme. Il faut donc aussi l'avouer : le grand nombre des prédicateurs manquent de foi et dès lors n'ont point cette piété, cette ferveur nécessaire pour surmonter les obstacles, pour remuer les hommes de leur indifférence sur les objets de la religion. Cette indifférence qui est l'esprit du siècle a malheureusement aussi gagné chez les ministres de l'Evangile...»

« Pour croire en Dieu, il faut le connaître... Rien n'est plus propre à nourrir et à fructifier la foi que la lecture de l'Ecriture-Sainte...» Parfait, mais pour que cette lecture aboutisse, il faut une opération préliminaire... « la foi est un don de Dieu ». Enfin, nous y sommes ! Non, car lisons la suite immédiate : « Les ecclésiastiques doivent, dès leur tendre jeunesse, se faire une habitude continuelle de la prière [1]. »

L'auteur n'arrive jamais à s'élever plus haut. Cette prière, sans la nouvelle naissance,

[1] [Du Voisin], op. cit. Lausanne, 2 vol. in-12, 1795.

ne sera jamais qu'un acte de piété mécanique et n'engendrera pas le christianisme vivant.

A Lausanne, ce qui s'enseigne peut être qualifié d'orthodoxie. Orthodoxie sans doute un peu mitigée, adoucie, ayant officiellement subi l'influence du Neuchâtelois Osterwald et officieusement celle du Genevois Rousseau, comme aussi celle des encyclopédistes... mais orthodoxie quand même. N'avait-on pas toujours la même vénération pour la confession de foi helvétique ? Quant à la puissante sève religieuse qui animait ses rédacteurs et plus encore leurs prédécesseurs, hélas, on en avait perdu jusqu'au souvenir.

A Genève, c'est le supranaturalisme, né de la triple influence de Voltaire, de Rousseau et du courant scientifique. Depuis Turretin, on ne parle plus de doctrine. La réaction contre le dogmatisme à outrance fait que théoriquement on croit en « les mystères de la religion », mais d'une croyance toute de tête, qui ne peut opérer la transformation des cœurs et en laquelle on a trop peu confiance, trop peu d'enthousiasme pour répliquer aux arguments de la religion naturelle autrement qu'en « naturalisant » la religion du Christ, bon gré, mal gré. L'Evangile devient « le pur bon sens, le sens commun développé, mis par écrit, intelligible pour les plus simples, le sens commun autorisé par une éclatante sanction des cieux [1] ».

Cela est vrai de Genève, et c'est vrai probablement aussi de la France entière.

Nous serions en plein rationalisme allemand si la croyance en tous les miracles, en l'inspiration des Ecritures, en la divinité du Christ ne venait se surajouter au tout. On y croyait parce que les pères l'avaient enseigné. On y croyait, mais pratiquement on n'en voyait point la nécessité. On y croyait, mais on n'en tirait pas les conséquences nécessaires relatives à la chute de l'homme, à l'impossibilité du salut par les œuvres, à l'action de ces doctrines sur la vie chrétienne de tous les jours. Elle fut au dessus de cette vie, au dessus de la discussion, elle fut une croyance *supranaturaliste*. Et lorsqu'aux grands jours de fêtes chrétiennes on la devait proclamer, c'était toujours dans les mêmes termes, dans une langue figée, hommage né-

[1] Lullin cité par De Goltz. *Genève religieuse*, p. 94.

cessaire rendu à la divinité. C'était une adoration, non un culte en esprit et en vérité.

La victoire de la philosophie sur le protestantisme fut de lui persuader que l'homme est naturellement bon. Dès lors il n'a plus besoin de la grâce, de la rédemption. Dieu l'aide, mais ne crée pas en lui un nouvel homme. Au citoyen honnête donc de gagner le ciel. Un discours de Rochemont sur les grands principes de la religion a pour thème « que Dieu nous a destinés à l'immortalité, mais que nous devons nous en rendre dignes ». Donc que l'on soit vertueux et Dieu ne demande qu'une chose : recevoir dans son ciel.

C'est pourquoi il nous est impossible de voir dans les protestants de la Révolution des hommes à proprement parler chrétiens, car nous ne trouvons ni dans leurs prédications, ni dans leur vie des paroles et des actes spécifiquement chrétiens.

Tel est aussi l'avis de M. Maury lorsqu'il écrit : « L'approche de la mort ne leur inspirait pas des pensées plus réellement chrétiennes, comme eût été par exemple, un douloureux retour sur l'insuffisance de leur ministère, sur les lacunes et les fautes de leur vie, l'humiliation du pécheur qui va comparaître devant le tribunal du Saint des Saints et l'assurance de la paix uniquement fondée sur Jésus-Christ crucifié. Pierre Ribes écrivait à sa femme et à sa fille, une demi-heure avant d'aller à l'échafaud : — « Ma très chère femme, ma très chère fille, je vous fait mes derniers adieux. J'ai vécu en honnête homme, en bon chrétien. J'ai fait quelque bien. J'aurai l'estime et les regrets des gens de bien. J'emporte le témoignage d'une bonne conscience : voilà pour votre consolation. J'ai eu trop de dévouement pour le bonheur public, peut-être pas assez d'attention à mes intérêts et aux vôtres. Je vous en fais mes excuses. Consolez-vous l'une l'autre. Que je vive dans vos âmes comme je vais vivre dans le sein du Dieu saint. Mon nom ne vous déshonorera pas longtemps. La vertu sera reconnue. Aimez vos parents ; je vais vous attendre dans le séjour éternel ! Ton mari ! ton père ! P. Ribes. »

« Evidemment ces paroles sont touchantes, comme tout ce qui vient du cœur en un pareil moment ; mais en les relisant on ne peut s'empêcher de penser aux adieux solennels de Calvin aux seigneurs de Genève : « Tout ce que j'ai fait, s'écriait le réformateur, n'a rien valu ; je suis une misérable créature et, maintenant, je prie que tout le mal me soit pardonné ! »

« Quelle différence entre cet aveu de la misère et du péché, et cette glorification de sa propre justice[1]. »

Dans chaque époque et chaque école il se trouve un enfant terrible qui, exagérant les défauts de tous, en est comme la démonstration vivante. Le pasteur Marron pourrait bien avoir rempli ce rôle pendant la période révolutionnaire. Avec une absence de gêne vraiment rare, il se promène à travers tout le christianisme et remet tout en place d'une main que la parfaite suffisance de son possesseur ne rend jamais hésitante.

Ecoutons-le plutôt :

« Ce qui fait surtout naître, écrivait-t-il à un ami, ce qui a perpétué, ce qui entretient la superstition qui enfante tôt ou tard l'incrédulité, c'est l'abus de se servir dans le culte d'expressions obscures, mystiques, qui ont pu offrir dans leur origine un sens clair parce

[1] Maury. *Le Réveil* I, 237 sq.

qu'elles étaient adaptées à certains idiomes ou à certains systèmes, mais qui aujourd'hui, aux sept-huitièmes de ceux qui les entendent prononcer, ne présentent que des idées vagues, incohérentes, biscornues, des idées même si peu lucides que les gens du métier en disputent la signification entre eux. Ne rendrait-on pas un service essentiel à la religion en remplaçant ces formules par d'autres plus à l'ordre du jour et qui offriraient d'emblée à tout le monde un sens clair et propre à inspirer le respect convenable? En conséquence de cela, un jour, au lieu de dire : Socrate — on donnait ce nom à l'enfant — je te baptise au non du Père, du Fils et du Saint-Esprit, j'ai dit : Socrate, sois, selon le vœu de tes parents, consacré dès ta plus tendre enfance à l'Etre suprême, l'auteur de tout bien, la source de toute perfection; qu'Il protège tes jours, qu'Il développe en toi par d'heureux progrès les facultés de l'intelligence et du sentiment et qu'à travers les vicissitudes de la vie, il te conduise à un bonheur immortel[1]. »

[1] Lettre autographe à M. de Luze, 15 pluviôse an II. Citée par Puaux, *Rev. chr.*, 1892 I, p. 328.

On n'a pas plus de dédain inconscient pour le passé et toute la tradition historique du christianisme ; on n'a pas plus de confiance en soi et d'assurance présomptueuse... Aussi la chute est-elle proche, et de telles paroles résonnent-elles à notre oreille comme le glas funèbre d'un christianisme qui peu après abjurera en ces termes blasphématoires :

« Haine à tous ces échafaudages de mensonges et de puérilités que l'ignorance et la mauvaise foi ont décoré du nom fastueux de théologie ! »

Le fait de la disparition de l'Eglise n'a plus rien maintenant pour nous surprendre. Aux difficultés extérieures correspondait une anémie interne parvenue aux dernières limites. La catastrophe, dans ces conditions, était inévitable !

CHAPITRE IV.

Points lumineux.

Certes, il y eut çà et là de la dignité, des actes de courage, le vif désir de rester fidèle disciple du Maître.

En Franche-Comté, le pasteur Méquillet recueille et cache pendant plusieurs mois des ecclésiastiques réfractaires[1]. Dans la même région, le pasteur Christofle, de Montécheroux, est mis en prison pour avoir refusé sa démission, et huit autres pasteurs sont incarcérés dans la citadelle de Besançon, d'autres envoyés à l'échafaud. Nous ne connaissons

[1] *Bulletin du Prot.*, 1889, p. 75.

malheureusement ni leur nom ni les circonstances de leur mort.

Dans le pays de Montbéliard, où la persécution paraît avoir été moins violente qu'ailleurs, si les églises sont fermées, les cloches fondues, les écoles ecclésiastiques mises au régime du catéchisme républicain, la guillotine tout au moins ne fonctionne pas. Les pasteurs purent célébrer leur culte dans des granges, et demeurèrent fidèles à leur poste, soutenus par des dons volontaires. Ils avaient du reste assez d'ascendant dans le pays pour que les habitants et les autorités suivissent en maintes circonstances leurs avis, reçus « avec la plus respectueuse déférence[1] ».

Près de là, au Ban de la Roche, Oberlin savait faire dévier la tempête, et tout en sacrifiant aux formes, sauver son honneur et continuer son fidèle ministère. Lorsque parut le décret de la Convention qui suspendait les cultes, il fit nommer un de ses amis président de la commune, et celui-ci, à chaque occasion, lui donne la parole pour quelque dis-

[1] D'après une notice de Boissard, pasteur, parue dans les *Archives du Christianisme*, 1819, p. 202 sq.

cours moral ou patriotique. Bientôt un seul local est assez grand pour recevoir ses nombreux auditeurs : le temple, et il les y conduit. Doit-il parler contre les tyrans ? Après en avoir donné une définition : « Ici, ajoute-t-il, dans notre paisible Ban de la Roche, nous n'avons certainement pas de tyrans de cette espèce, et il serait par conséquent superflu de parler contre eux. Mais je puis vous décrire et vous nommer des tyrans qui demeurent non seulement dans le Ban de la Roche, mais dans vos maisons et aussi dans vos cœurs. Ce sont vos péchés, etc... » [1]

Plusieurs proscrits trouvèrent aussi asile dans sa demeure. Dénoncé et arrêté, il fut emprisonné à Schlestadt. La réaction de Thermidor lui sauva la vie.

A Strasbourg, le 20 novembre 1793, lors de la fête de la Raison, un homme se trouve pour ne pas craindre la foule en délire et lui crier en face son despotisme. En même temps il proclame les vérités de l'Evangile, dont, rapporte un document de l'époque, « ce fourbe pendant quarante ans avait défiguré la morale sublime. Cet outrage fait à la vérité

----

[1] Maury. *Le Réveil*, I, p. 265.

dans son temple au moment de l'inauguration de ses autels, ce blasphème contre la raison prononcé par une bouche accoutumée au sacrilège fut vengé sur le champ. Le déclamateur séditieux fut couvert des huées du peuple qui, d'une voix unanime, lui cria qu'il ne voulait pas entendre ces maximes erronées et le força d'abandonner le lieu qu'il profanait par sa présence [1] ».

La résistance paraît moindre dans le Midi. Certains perdent cependant la liberté ou même la vie. Tel *Pierre Ribes*, d'Aigues-Vives, dont la lettre de démission est arrivée trop tard, tel encore *Pierre Soulier*, de Sauves [2].

Rabaut le Jeune cite comme digne de la plus haute admiration le trait suivant : A La Salle (Gard) un nommé Alegré, âgé de 60 ans, est mis en prison pour n'avoir pas travaillé le

[1] Cf. de Pressensé. *L'Egl. et la Rév.*, p. 459.

[2] Certains parlent en termes vagues d'un nombre qui semble grand de pasteurs sacrifiant leur vie pour leur foi. Nous ne savons sur quelles bases reposent leurs assertions. Dans le Midi, nous avons le catalogue des guillotinés de la Terreur, liste dressée avec minutie par Lauze de Peret (Causes et précis des troubles dans le Gard), et nous n'y avons relevé que les deux noms ci-dessus.

dimanche. Huit jours après, cet homme, revêtu de ses habits de fêtes, se présente au comité. On lui demande ce qu'il veut. Il répond qu'il est déjà vieux, que lorsqu'il a travaillé toute la semaine, il a besoin de repos, que par conséquent s'il allait à la journée le dimanche, n'étant pas capable de travailler ce jour-là, il volerait son patron. Aussi préférait-il se constituer prisonnier [1].

Des commissaires étrangers montent à la Salle (Gard), pour faire brûler tous les livres religieux : il fallut avoir l'air d'y obéir ; chacun fournit des volumes à l'incendie, mais garde soigneusement les plus précieux.

Encontre, le futur professeur de Montauban, soutient les restes de l'église de Montpellier, bénissant, baptisant, instruisant, heureux d'entretenir le feu sacré de la foi parmi ses frères de toute la région [2].

Il chercha à grouper autour de lui quelques jeunes gens, dont il comptait faire l'éducation en même temps que celle de son fils, et réussit

[1] Cf. *Annuaire* 1807.
[2] F. Puaux. D. Encontre. *Rev. chrét.*, 1877, p. 422, Juillerat, *notice sur la vie de D. Encontre*, p. 22. Bourchenin, *D. Encontre*, p. 37.

à attirer une cinquantaine d'élèves de choix.
Il intervient aussi en faveur de son père, le
pasteur Pierre Encontre, qui condamné par
Borie à la relégation dans le district d'Uzès,
se trouvait dans le plus grand dénuement.

Enfin, dès janvier 1795, il réclame la liberté religieuse qui du reste devait être accordée peu après [1].

Dans la région de Castres, *François*, pasteur à Puylaurens, continue son ministère,
quitte à se cacher aux jours du péril comme
autrefois sous le règne de la grande persécution. Il est traqué par le représentant Chabot.
Un jour, le hasard les conduit dans la même
auberge ; François revêt les habits du garçon
d'écurie, dételle lui-même les chevaux de
Chabot, et échappe ainsi à la mort [2].

Dans le Tarn encore, la petite église de
Réalmont, par un prodige dont nous ne com-
prenons pas la cause, échappe aux violences
révolutionnaires. « Rien ne fut modifié dans
cette heureuse église, » et les collectes même
ne diminuèrent pas [3].

[1] Cf. Bourchenin, op. cit., p. 33 et 37.
[2] C. Rabaut, op. cit. II, p. 412.
[3] C. Rabaut, op. cit. II, p. 393.

Nous reconnaissons ces faits honorables ; nous croyons qu'il en est beaucoup d'autres que personnellement nous ignorons ou qui se sont à jamais perdus dans la sombre tourmente révolutionnaire.

Sans nul doute, si la lutte s'était perpétuée, ils seraient devenus de plus en plus nombreux, à mesure que les esprits se seraient ressaisis. Ils n'en restent pas moins des exceptions, et ne peuvent que confirmer tout ce que nous avons dit précédemment sur la réalité de la disparition de l'Eglise réformée.

La foi est morte, mais la passion politique naît. Tout ce qu'il y a d'intelligent et de développé dans le protestantisme s'occupe des questions du jour.

C'est la seule, mais solide gloire du protestantisme à cette époque.

Le tronc est mort, disions-nous ? Non, ce n'est qu'une des maîtresses branches, la plus importante de beaucoup jusqu'alors. Les rameaux, qui s'appellent fermeté ecclésiastique, foi vivante, esprit de consécration et de sacrifice, n'ont ni fruits ni feuilles.

Mais le chrétien complet n'a pas uniquement à rendre témoignage. Il doit gérer non seulement le trésor que Dieu a placé en son cœur, mais le Royaume qui est l'humanité entière. Les talents sont divers, et tous doivent porter intérêts. Si donc nous considérons non le seul côté proprement religieux de l'arbre, mais son aspect tout entier, nous voyons lors de la Révolution que les branches que nous appellerons esprit de solidarité, dévouement à la chose publique, soucis des intérêts matériels, amélioration du siècle présent, sont saines et en pleine floraison.

Des chrétiens se vouant aux affaires publiques, le cas vraiment est trop rare pour ne pas le signaler, et le faire avec joie !

On nous dira que cette activité politique a été aux dépens de la ferveur religieuse. Nous l'avons remarqué nous-même. Mais nous pensons que si la ferveur de la piété avait été plus grande et plus éclairée, le zèle civique se fût trouvé encore accru. S'il y a déficit au budget général, ce n'est point raison suffisante pour déplorer qu'un des chefs spéciaux boucle en boni.

Mais l'influence du protestantisme sur la Révolution est bien autrement plus vaste que le total du travail des réformés dans les dernières années du XVIIIme siècle. Elle est si grande que l'on peut dire sans conteste que la Révolution, dans ce qu'elle a d'excellent, est fille du protestantisme. La thèse est trop vaste et trop connue — dans certains milieux au moins — pour que nous la développions en ce moment.

Bornons-nous à constater que si, par la force même des choses, les protestants s'étaient tenus à l'écart des affaires publiques, ils n'en avaient pas moins préparé l'avenir.

Indirectement, puisque leur esprit organisateur inspire les philosophes, Rousseau en particulier, et que ce qu'il y a de bon dans le *Contrat social*, ce catéchisme de la Révolution première phase, le protestantisme peut le revendiquer. Par là, son influence sur la marche des idées, sur la formation des esprits, sur l'élaboration du monde moderne est incalculable.

Directement aussi, puisque les protestants ont eu une action certaine sur le cours des événements dans la première, la bonne période de la Révolution. Comment en serait-il autrement ? « Sur 26 millions de Français, 25 ne lisent pas[1]. » Or, il y a six à sept cent mille protestants ; la Bible est entre leurs mains ; plus de la moitié très certainement, la très grande majorité peut-être savent lire.

Aussi, bien que persécutés d'hier, ils sont nombreux aux Etats-Généraux. Neuf pasteurs au moins siègent à l'Assemblée constituante, peut-être onze ; les chiffres varient suivant les auteurs. Quelques-uns sont en vue et Rabaut Saint-Etienne prend place au premier rang.

Et l'on ne peut regretter qu'une chose, leur trop petit nombre. Le régime antérieur, écartant les protestants de toutes les carrières qui les eussent conduits à l'Assemblée, se priva ainsi des éléments d'ordre et de pondération les plus sûrs et les plus précieux.

Etre pasteur ne prédispose pas beaucoup à la chose publique, et cependant il n'est que juste de reconnaître que dans la Convention, les pasteurs étaient les moins dépaysés et les plus aptes à gouverner, parmi tant d'hommes

[1] Taine, *Rev.*, I, 185.

qui connaissaient si peu les affaires que l'histoire les envisage non comme une assemblée parlementaire, mais comme une foule [1]. L'Eglise réformée n'était-elle pas le seul organisme de l'ancien régime qui connût la représentation, l'esprit parlementaire, le respect de l'opinion, le fonctionnement d'une majorité et l'utilité d'une opposition, qui pratiqua et eut l'expérience de l'ordre dans la liberté et par la liberté ?

Aussi, bien que partageant souvent toutes les utopies de la nation, les députés protestants, après avoir été au premier rang des progressistes tant qu'il s'agissait de l'acquisition des libertés indispensables à la société moderne, furent encore au premier rang de l'opposition lorsque l'anarchie sanglante prit le dessus. La ruine du parti girondin fut aussi la leur.

Trois noms se distinguent trop nettement d'entre les politiques du temps pour que nous n'en disions rien. Ce sont ceux de Jean Bon Saint-André, de La Source et de Rabaut Saint-Etienne. Leur influence a duré plus qu'eux,

[1] Taine.

et par leurs talents, ils ont fait respecter le
protestantisme tout entier. Par leurs initia-
tives généreuses, ils ont préparé des temps
meilleurs, des temps où un plus grand nombre d'hommes se trouveront dans des conditions assez favorables pour entendre et profiter de la prédication évangélique. Leur œuvre, pour n'être pas directement religieuse,
n'en est pas moins réelle et bienfaisante dans
ce domaine aussi.

Jean Bon Saint-André, né en 1749, pasteur
à Montauban en 1788, évolue peu à peu vers
la politique. Il est l'âme des clubs de la
petite ville, qu'il conquiert par son prestige
malgré ses opinions relativement modérées.
Ses ennemis parviennent à l'éloigner de l'Assemblée législative, mais il est nommé à la
Convention, le 26 août 1792. Il se rattache
d'abord aux Girondins, puis à la Montagne.
Il est le premier élu des membres du comité
de salut public, et là, il réussit à sauver bien
des têtes. Au milieu du débordement anti-
religieux le plus effréné, il ne craint pas de
s'opposer à la suppression des cultes. On
l'éloigne en le mettant à la tête de la marine
qu'il reconstitue en moins d'une année. Re-

venu à Paris, il est élu président de la Convention nationale. Son influence diminue depuis ce moment. Consul à Alger en 1795, il est fait prisonnier par les Turcs en 1798 et libéré en 1801. Il devient préfet de Montonnerre, puis bientôt commissaire des quatre départements de la rive gauche du Rhin, où on le regarde à juste titre comme le bienfaiteur de la contrée. Il mourut en 1813, dans un état très proche de la pauvreté[1].

Marc-David La Source, né à Anglès, près Montpellier, le 22 janvier 1763. Marié en 1786 à Jeanne la Roque, aussi distinguée par son intelligence que par sa beauté, il voit son bonheur conjugal brisé par la mort de sa femme après moins d'un an de vie commune. De plus les soucis pastoraux l'accablent. Le 7 septembre 1791, il pensait retrouver un peu de joie dans un second mariage, mais appelé à Paris comme député du Tarn, il part huit jours après ses noces et meurt à trente ans, emportant le poignant regret de n'avoir pas revu sa compagne.

---

[1] Cf. *Jean Bon St-André* par M. Nicolas. C. Rabaut *op. cit.* p. 405 sq.

A l'Assemblée législative, son ardeur le place bientôt au premier rang; sans cesse à la brèche, chaque jour presque à la tribune qui retentit des accents de sa fougueuse éloquence, il voit plus d'une fois ses propositions admises par l'Assemblée. A mesure qu'il avance, son rôle grandit et son activité devient plus fiévreuse. Il vote la mort du roi, mais il demande que la nation française, loin de faire des conquêtes, proclame l'émancipation des peuples. Déjà il pressent les dangers qui s'accumulent, la démagogie toujours envahissante l'effraie, les désordres de la Commune l'indignent. Avec vigueur il s'oppose à Robespierre, flétrit Marat, lutte en faveur des Girondins dont il partage le sort. Arrêté, exécuté après un jugement qui fut une sinistre comédie, il prononce sur l'échafaud les célèbres paroles : « Je meurs au moment où le peuple a perdu la raison, vous mourrez au moment où il la retrouvera[1]. »

La figure de *Rabaut Saint-Etienne* nous apparaît plus grande et plus noble encore,

---

[1] Cf. *Bulletin du prot.*, 1889, articles de Cam. Rabaud, p. 18, 57 et 113. Wallon, *Histoire du tribunal révol.*, I, 379, note.

comme l'une des plus belles du protestantisme français.

Né en avril 1743, il fait ses études à Lausanne et à Génève. Devenu pasteur de Nîmes, par ses talents et sa science il acquiert une rapide popularité. Son rôle dans l'établissement de la tolérance fut considérable. Sa candidature à l'Assemblée était tout indiquée. A Paris, son influence devient énorme. Ses amis égalaient son éloquence à celle de Mirabeau, ce qui est exagéré. Le 14 juillet, il propose comme devise de la France : « Liberté, Egalité, *Propriété* », et il y a là comme une prophétie des luttes actuelles. Mais il se distingue surtout dans ce qui lui tient tant à cœur, l'établissement de la liberté religieuse. Les luttes à ce propos étaient vives, et sans son éloquence n'eussent pas été aussi décisives. Certains de ses discours sont restés célèbres, et l'un des passages de celui du 23 août 1789 tend à devenir classique.

« Ce n'est pas la *tolérance* que je réclame. c'est la *liberté*. La tolérance ! Le support ! Le pardon ! La clémence ! Idées souverainement injustes envers les dissidents, tant qu'il sera vrai que la différence de religion, la différence d'opinion n'est pas un crime. La *tolé-rance*, je demande qu'il soit proscrit à son tour, et il le sera, ce mot injuste qui ne nous présente que comme des citoyens dignes de pitié, comme des coupables auxquels on pardonne ! L'erreur n'est point un crime : celui qui la professe la prend pour la vérité ; elle est la vérité pour lui, et il est obligé de la professer, et nul homme, nulle société n'a le droit de le lui défendre. Je demande donc pour les protestants français, pour tous les non-catholiques du royaume ce que vous demandez pour vous, la *liberté*, l'*égalité* des droits. »

Pour marquer jusqu'où va l'expression d'une pensée aussi nouvelle, il ajoute en visant le monde israélite qui avait encore ses ghettos, et que la loi refusait de reconnaître.

« Je le demande pour ce peuple arraché de l'Asie, toujours errant, toujours proscrit, toujours persécuté depuis près de dix-huit siècles, qui prendrait nos mœurs et nos usages si par nos lois il était incorporé avec nous, et auquel nous ne devons point reprocher *sa* morale, parce qu'elle est le fruit de *notre* barbarie et de l'humiliation à laquelle nous l'avons injustement condamné. »

Ce fut l'apogée de son éloquence. Ensuite, il parait désirer surtout se rendre utile par le travail dans les commissions. Nommé président de l'Assemblée, il prononce une de ces paroles dont la simplicité grandiose traverse les siècles. S'adressant à l'humble proscrit de naguères, il lui écrit : « Mon père, le président de l'Assemblée nationale est à vos pieds et vous salue. »

Idéaliste, utopiste même, comme tous les hommes de 1789, il ne prévoit la tourmente que lorsque le navire est déjà en danger de naufrage. Mais jusqu'au bout il lutte. Trahi, le 29 juillet 1793, il monte sur l'échafaud. Sa femme, apprenant la fatale nouvelle, se donna la mort.

Le 4 octobre 1795, la Convention, dans un tardif hommage, décréta l'impression de ses écrits politiques aux frais de la nation[1].

Revenons maintenant, après nous être, nous aussi, inclinés devant ces trois grands

[1] Sources : Nombreuses biographies. Cf. entre autres dans la *Rev. Chr.* de 1874 les articles de MM. Trarieux et Puaux ; Boissy d'Anglas, *Notice* ; biographie de Paul Rabaut et de ses trois fils par Borrel ; *France protestante* de Haag, VI, 359, 1re édit.

hommes, à l'ensemble du peuple protestant.

Il ne suffit pas de proclamer des libertés, il faut encore que ceux à qui elles sont données soient capables d'en jouir.

Or, plus la Révolution progresse, plus il devient évident que son esprit s'oppose au catholicisme; il fallut bien plus longtemps avant qu'il combattît les notions protestantes, et cela n'arriva que lorsque le torrent débordé dévasta tout autour de lui.

Le clergé catholique ne pouvait accepter la constitution imposée. C'était la ruine de l'autorité papale par l'indépendance de l'évêque; la ruine de l'indépendance épiscopale par l'indépendance du curé, la ruine de celle-ci comme de la précédente par leur soumission commune au pouvoir civil. A l'épicospalisme romain succède le presbytérianisme, donc les bases mêmes de l'Eglise protestante. Les pasteurs pouvaient accepter la Révolution, non seulement parce qu'elle leur apportait la liberté, mais sans arrière-pensée, la regardant comme leur fille dans ce qu'elle a de bon, la plus grande des victoires de la Réformation en pays latin.

Et ce n'est pas le moindre étonnement que procure cette période si tourmentée, de voir l'Eglise réformée disparaître précisément à l'heure où son influence se fait le plus sentir, où la persévérance et la fidélité des pères porte enfin quelques-uns de leurs plus beaux fruits.

CHAPITRE V

La réorganisation spontanée.

Ne nous attardons pas outre mesure sur la disparition de l'Eglise protestante. Elle fut de courte durée.

Le 27 juillet 1794 marque la fin de la Terreur, le début de la réaction de thermidor. Au commencement de 1795, la Convention rendait à la religion un peu de liberté légale par le décret du 3 ventôse an III, (21 février 1795); voté sur le rapport de Boissy d'Anglas. Il proclamait la liberté de tous les cultes, renvoyait en police correctionnelle ceux qui contrarieraient ou outrageraient l'exercice d'un office, déclarait que l'Etat

n'en salariait et n'en logeait aucun, interdisait
enfin toute cérémonie, tout signe et toute
inscription extérieure, toute proclamation ou
convocation publique.

En retour il exigeait de tout ministre le
serment de « haine à la royauté et à l'anarchie, d'attachement et de fidélité à la République et à la Constitution de l'an III » et demandait une déclaration préalable obligatoire
avant l'ouverture des lieux de culte.

A Paris, les services religieux reprirent très
rapidement. A peine Marron était-il hors de
prison qu'il songeait à réorganiser son troupeau avec un zèle qui n'est pas sans nous
surprendre agréablement. Quelques jours
déjà après la mort de Robespierre, les cultes
étaient de nouveau célébrés dans le temple
Saint-Louis, devant un nombreux public[1].

Dans les provinces, les choses allèrent
beaucoup plus lentement.

Tandis que dans toute la France catholique
les fêtes de Pâques 1795 sont célébrées avec
un entrain très grand et parfois même avec
un véritable enthousiasme, il faut aller jus-

[1] C. Rabaud. *Bulletin du prot.*, 1889, p. 465.

qu'au milieu de 1796 pour trouver des traces sérieuses de réorganisation protestante. Ceci encore prouve combien le trouble apporté par la Terreur a été profond et la catastrophe désastreuse.

L'église de Sédan fut une des premières à reprendre vie [1], mais nous ne savons à quelle date.

Dans les centres protestants, les mêmes hommes qui ont présidé à la disparition du culte sont aussi ceux qui en provoquent la réouverture.

Par exemple, le Consistoire de Bordeaux que nous avons vu décider en 1794 de « suspendre l'exercice religieux vu les circonstances actuelles » se réunit à nouveau et « le 2 août ou 14 thermidor an IV (1796), dit le registre consistorial, on a invité le citoyen Desmons à vouloir bien prononcer un sermon analogue à la circonstance le jour qu'on fixera pour l'ouverture de la nouvelle maison d'oraison que les membres de nos Eglises ont fait construire aux Chartrons, après que l'on aura préalablement fait auprès de la municipalité les démarches prescrites par le décret con-

[1] *Annuaire Rabaut*, p. 27

cernant les cultes religieux et obtenus la permission de recommencer le nôtre publiquement[1] ».

Les décisions qui suivirent témoignent du constant désir de revenir à l'ancienne tradition et de se conformer à la discipline des églises huguenotes.

Nous ne savons exactement comment les choses se passèrent dans les Cévennes et quand les cultes reprirent dans le Midi en général. Nous sommes fort surpris de constater qu'à Montpellier ce n'est que le 9 janvier 1797 (20 nivôse an V) que « les citoyens de cette ville professant la religion protestante tiennent conseil et décident que l'exercice du culte sera rétabli en se conformant à la loi[2]. » Ils nommèrent un consistoire de douze membres présidé par D. Encontre qui depuis deux ans déjà demandait qu'on célébrât des services divins et, le dimanche suivant, une première assemblée se tient dans un jardin. On appelle comme pasteur Louis Buisson qui ne tarda point à céder sa place à Honoré Michel (1798)[3]. Plus tard on loue le manège

[1] Doumergue. *La veille de l'an X*, p. 91.
[2] Corbière. *Histoire de l'Eglise de Montpellier.*
[3] Cf. Encyclop. relig. X, p. 387.

et on y reste jusqu'en 1803, époque de la construction du temple actuel.

Signe réjouissant, le 27 octobre 1797, on célèbre un jeune solennel d'actions de grâce et d'humiliation.

Les choses marchèrent plus vite dans d'autres régions.

A *Castres*, Crébessac était un homme à ne pas laisser traîner les affaires. Voici ce qu'il écrivait dans les registres de l'église lorsqu'il put reprendre quelque activité : « Les vrais fidèles de la ville de Castres furent désolés en apprenant que leurs deux pasteurs avaient quitté leur place et que le temple était fermé. Mais aussi quelle joie à la loi du 11 prairial an III (30 mai 1795) leur donnant l'espérance d'un local ! » En effet, on leur cède le 29 messidor (7 juillet) l'église des ci-devants Cordeliers, qu'ils restaurent en toute hâte et inaugurèrent le 5 fructidor (24 août).

Crébessac, qui était alors officier municipal, convoque le consistoire d'avant la Terreur et se fait agréer pasteur, puis préside à l'élection d'un nouveau consistoire [1].

En janvier, on lit en chaire et on affiche un

[1] C. Rabaud, op. cit. II, 399.

règlement de culte en sept articles. On arrête
entr'autres que « la prédication étant l'acces-
soire et tout le reste l'essentiel, il n'y aura
prêche que chaque quinze jours, que le sermon pourra même être répété; l'autre dimanche il sera lu un sermon imprimé qui
vaut habituellement mieux que le sermon ré-
cité. De la sorte le pasteur se consacrera à
l'instruction de la jeunesse, pépinière de
l'Eglise, qui est imbue de déplorables principes et de mauvaises passions[1] ».

Puis on songe aux églises voisines, où la
piété semble éteinte. On nomme le 7 pluviôse
an IV (7 janvier 1796) une commission pro-
vinciale à l'imitation de celles qui administraient dans l'intervalle des synodes. Elle a
de nombreuses séances dans lesquelles elle
s'occupe du culte des pauvres, de la paix des
familles, de la moralité publique dans toutes
les églises de son ressort. Elle recherche
des pasteurs pour chaque poste abandonné,
demandant aux uns les raisons de leur éloignement du ministère, recevant de quelques
autres des demandes de réintégration et en
fixant alors les conditions. Il y a un réel

[1] Idm. p. 433.

sérieux dans les considérants qui permirent à Laroque, par exemple, de reprendre son ministère.

Le 17 messidor an III (5 juillet 1796), la commission présidée par Crébessac, après avoir « demandé aux citoyens Jaffard et Durand les raisons qu'ils ont de ne plus exercer les fonctions pastorales et prié le citoyen Richard d'avoir égard aux Eglises qui sollicitent du service, entend un mémoire de Laroque qui demande avec instance d'être déclaré habile à reprendre l'exercice du ministère évangélique ». Une discussion approfondie aboutit à un blâme sévère, mais « comme son abdication a été exempte d'expressions blasphématoires et que sous ce rapport elle ne ressemble pas à beaucoup d'autres », on passe outre et on décide qu'il serait apte au ministère « pouvu qu'il eût fait dans le sein de l'Eglise de Castres, une publique et convenable réparation ».

Enfin le 22 novembre 1796, sous la présidence de Crébessac, un premier synode a lieu à Castres.

Son ordre du jour montre toute l'étendue du mouvement réorganisateur. On accepte

Barbey au nombre des pasteurs, on régularise la consécration de Verger faite en 1793 et l'on approuve les décisions relatives à Laroque. On refuse l'autorisation de publier un ouvrage sur la révolution française prédite par l'Apocalypse. Le citoyen Durand est blâmé d'avoir abdiqué ses fonctions pastorales et d'avoir travaillé le dimanche ; il ne pourra exercer à nouveau le ministère avant un aveu public de ses fautes, en témoignage de ses regrets les plus amers. D'autres pasteurs sont réintégrés : Salvetat à Saint-Amans, Mozimann à La Causse, Gerson à Viane, Job Jaffard à Mazamet. Vernet, Laroque et Baux sont chargés d'une révision de la liturgie. Il sera demandé aux églises de ne pas célébrer le culte dans des édifices catholiques, comme cela pourrait leur être offert ; ceci afin de ne pas troubler la paix et qu'il convient d'éviter « toute déclamation contre le fanatisme ». Enfin les églises sans pasteur seraient desservies par un roulement régulier [1].

Depuis mai 1795, les églises étaient rendues aux différents cultes, et en septembre de

[1] C. Rabaut, *op. cit.* II, 422 sq.

la même année la Convention avait réglementé
le jeu des libertés religieuses aussi largement
que possible dans un pays encore si rempli
de ferments de haine.

Les protestants se retrouvèrent alors dans
une situation à peu près semblable à celle qui
précéda la Terreur et suivit 1789.

Toutefois elle était beaucoup moins favorable à plusieurs points de vue.

Une certaine opposition continuait à exister de la part de l'Etat. Celui-ci, quoiqu'en
théorie partisan d'une réelle tolérance, en
fait ne la pratiquait pas entièrement. Il désirait en effet « convoquer tout le peuple
autour de l'autel de la Patrie pour y adorer
la Patrie elle-même, honorée de tant de sacrifices et de tant de sang qu'on crut qu'elle
pourrait offrir à toutes les âmes françaises le
prestige d'une entité mystique et les unir par
un lien accepté de tous, même des croyants
qu'un autre lien unissait au Dieu des religions
révélées[1]. »

Il y eut donc un *culte décadaire* et des
fonctionnaires prirent le titre de *curés du
culte décadaire*. Les instituteurs étaient tenus

---

[1] Aulard, *op. cit.*, p. 144.

de conduire les enfants dans le local des réunions qui s'appelle bel et bien un « temple ». Le chômage du décadi est obligatoire, et il y a des peines rigoureuses contre quiconque travaille, voire même contre quiconque chômerait l'ancien dimanche.

Tout ceci ne pouvait aller sans froissements. En certains lieux, les protestants les évitèrent en cédant, en faisant du zèle même, puisque certain consistoire décide que le quatrième commandement étant en opposition avec la loi sur le décadi, la lecture du décalogue serait supprimée [1].

Ailleurs on se tira d'affaire en célébrant décadis et dimanches, et ailleurs encore en s'en tenant purement et simplement au dimanche chrétien. Le peu d'enthousiasme que le décadi soulevait dans les provinces permit la chose sans trop de désagréments.

A Genève, par exemple, annexée à la France en 1798, la compagnie des pasteurs s'était formellement opposée au remplacement du dimanche par le décadi. Mais par esprit de conciliation et largeur de vues, elle fit célébrer un culte ce dernier jour. Service

[1] *Rev. Chr.*, 1877, 421.

peu fréquenté tandis qu'il y a foule le dimanche, par opposition politique autant que par
besoin religieux. Le résident français se
borna à interdire la sonnerie des cloches le
dimanche et jusqu'à la tentative timide de
faire répétér la sonnerie des heures.

Un autre obstacle plus sérieux à la réorganisation du culte protestant, c'est le manque
de pasteurs.

Autour de Saintes (Charente inférieure) il
y avait un groupe de quatorze mille protestants environ, mais sans conducteur spirituel.
Personne ne veut accepter ce poste, parce que
personne ne veut prendre la responsabilité
de pourvoir aux cultes en quatorze endroits
différents disséminés sur une surface de qua-
tre-vingt à cent kilomètres carrés ! Enfin on
trouve un homme de dévouement qui, le
premier dimanche de culte, eut trente-deux
baptêmes à Mortagne, petite localité sans
importance et, le dimanche suivant, vingt à
Sainte-Foix[1].

Au manque de pasteurs correspond le
manque de temples, dont on souffre partout.

---

[1] *Bulletin du prot.* 1893, p. 365.

Relevons encore la concurrence faite un certain temps au protestantisme par la secte des théophilanthropes, qui s'organise au commencement de 1797. Quiconque croit en Dieu, à l'immortalité de l'âme, à la fraternité, à l'humanité, peut en faire partie. On est purement déiste. On a une morale très large, solidement basée sur cette proposition : « le bien est tout ce qui tend à conserver l'homme ou à le perfectionner ». On a des temples enfin, sans faste, ornés de fleurs et de fruits, avec un cérémonial bien réglé. Des orateurs qui peuvent revêtir un costume bleu avec une ceinture rose, cherchent à élever l'âme par la description des beautés de la nature ou par des enseignements tirés de la vie et des écrits d'un Socrate, d'un Vincent de Paul, d'un Rousseau ou d'un Washington. Ceci entremêlé de chants, de silences destinés au recueillement, à la méditation et à l'examen de conscience, et le tout, paraît-il, d'une sobriété élégante et artistique [1].

Hélas, le protestantisme avait si peu de sève que pareil voisinage pouvait bien l'inquiéter. Il ne devait pas y avoir très grande diffé-

---

[1] Cf. Aulard, *op. cit.*, p. 150.

rence entre certains discours théophilanthropes et certains sermons protestants.

La Révolution, on ne le comprend que trop, n'avait amené aucune amélioration au point de vue du fond même du christianisme prêché et enseigné.

Deux citations montreront jusqu'où cette disparition de toute dogmatique vivante a entraîné certains hommes.

En 1795, le pasteur Frossard prononça à Clermont-Ferrand, nous ne savons dans quelle occasion, un grand discours qu'écoutait béatement un auditoire considérable. Voici comment il posait les bases du christianisme.

« Enfants de Dieu, disciples du Christ, candidats de l'immortalité, quels sont vos dogmes ? Quelle est votre morale ? Il faut la connaître pour établir ce qu'exige l'Evangile ; pour vous conduire d'une manière digne de lui, croire en Dieu, créateur, conservateur, rémunérateur ; en Jésus-Christ, législateur, rédempteur, juge ; au Saint-Esprit qui animait les disciples et qui pénètre tous les bons chrétiens de sa vivifiante influence ; à l'immortalité de l'âme et à la résurrection des morts, et à ce suprême jugement où chacun recevra selon ses œuvres ; voilà toute la doctrine du christianisme. A notre Créateur, respect, amour ; à notre prochain, justice, charité ; à nous-mêmes modération et patience, voilà le code de la morale universelle, le vœu de la nature, la loi de la raison, le but sacré de la religion chrétienne[1]. »

Nous sentons que la sève du christianisme manque ; le sentiment du péché a disparu, la grâce n'est pas présentée : l'action sur l'auditeur reste forcément nulle.

Prenons un autre exemple. Reybaz, le collaborateur de Mirabeau, fut un des orateurs religieux les plus goûtés du public. Voici quels conseils d'homilétique il donnait à la même époque.

« Jeunes gens, nourrissez-vous de lectures attendrissantes qui inspirent la vertu et dont les vertus vraies et naturelles remuent le cœur sans le tourmenter.

« Apprendre à lire, rien de plus important ; ne vous servez que de mots réputés français, et prononcez-les avec la quantité prosodique et l'accent conforme au bon usage. Entrez en cause avec calme, élégance et simplicité ; for-

[1] Cité par Puaux, *Rev. Chr.*, 1892 I, 328.

— 101 —

mulez nettement vos divisions très nécessaires au ressouvenir, c'est l'anse d'un vase ; en
le saisissant on amène à soi tout ce qu'il contient. Aidez-vous du pouvoir des gestes, mais
qu'ils soient graves et précis et non pas pré-
cipités et incertains. Ce babil des mains n'est
pas moins déplaisant que celui de la parole. »

Du but de la prédication, ajoute l'auteur
de cette citation, de son action sur l'âme, de
la défense de l'Evangile, pas un mot, pas un
seul, dans cette longue lettre. Mais Reybaz
rappelle au jeune prédicateur « qu'il n'est
pas séant d'être trop austère dans ses pré-
ceptes de morale, de déclamer contre les
plaisirs permis et de ne rien accorder à la
faiblesse humaine. Il n'est pas séant non plus
à un jeune prédicateur peu favorisé de la for-
tune de déclamer avec passion contre les richesses ; il se ferait soupçonner d'envie [1] ».

Tout ceci fait supposer bien lamentable situation. Un examen plus approfondi nous
prouverait que tel est bien le cas. Les hommes
de cette période sont aussi ceux de l'Empire
et il est difficile d'imaginer prédication plus

[1] Puaux, *Rev. Chr.*, 1892, 1, 327.

piètre que celle dont retentirent les voûtes des temples jusqu'aux jours du Réveil.

Telles sont les ombres du tableau. Mais au moins le tableau existe-t-il ! L'Esprit n'a pas encore soufflé sur les os desséchés, mais les os sont là, déjà rassemblés. L'Eglise, si défectueuse soit-elle, à recouvré son existence, et un fait demeure : A elle seule, lentement, mais très certainement, elle s'est organisée à nouveau, elle a retrouvé ses consistoires, ses colloques, ses synodes, elle cherche à renouer avec le passé, elle se montre capable de vivre, et de vivre dans l'indépendance la plus complète, se suffisant à elle-même et s'entretenant par ses propres ressources.

On en jugera par le tableau du protestantisme tel qu'il était avant toute ingérence gouvernementale.

En 1801, Portalis est chargé par le consul Bonaparte de préparer une législation pour organiser le culte protestant. Voulant une base de travail, le futur ministre des cultes fait procéder à un recensement, et voici en résumé les résultats de son enquête :

Seize synodes ou colloques groupent autour

d'eux la plus grande majorité des protestants, soit 484,500 personnes; dix-huit à vingt églises sont isolées, représentant environ 50,000 protestants. Il y en a enfin 70,000 disséminés un peu partout en France.

Pour ce total de 600,000 protestants, il y a 168 pasteurs, soit un pasteur par 3150 personnes environ.

A ce chiffre, il faut ajouter 17,000 protestants pour les régions que n'a pas frappées la révocation de l'Edit de Nantes, et 180,000 pour l'Alsace.

Ainsi donc, d'eux-mêmes, plus d'un demi-million de réformés avaient gardé fidèle mémoire de leur ancienne et si parfaite organisation. La discipline recommençait à être mise en vigueur et, sauf la question de vie spirituelle qui ne se trouvait même pas posée, le désir le plus ardent de tous est d'en revenir à l'ancien état de choses. L'édifice était bâti, il n'y manquait plus que le couronnement : le synode national.

Or, ce synode, non seulement les protestants en avaient besoin, mais ils paraissaient décidés à agir de manière à ce que sa prompte convocation ne tarde guère.

En septembre 1802, l'année même où un un nouveau régime leur allait être accordé, vingt à vingt-cinq des pasteurs les plus influents du Midi se réunissaient à Nîmes avec à l'ordre du jour la question de la réunion du synode national. Le pasteur Olivier préside, et Maraval fonctionne comme secrétaire. On admet d'abord l'urgence du synode dont on a besoin à cause de l'état d'isolement, d'indépendance et de confusion où l'on vivait quant à la discipline. Il faut en effet profiter des dispositions bienveillantes du gouvernement et suivre l'exemple des luthériens qui avaient fondé des commissions et étaient entrés en correspondance avec le citoyen Portalis, le futur ministre des cultes.

De plus la réunion rappelle le désir déjà exprimé par les pasteurs du Languedoc de voir fonctionner à nouveau colloques et synodes provinciaux[1].

Afin d'arriver à une réalisation pratique de tous ces projets, on invite le colloque désigné par le dernier synode avant l'interruption de ces assemblées à s'occuper de l'affaire et d'obtenir en tout premier lieu l'autorisa-

[1] Cf. Corbière, *op. cit.*, p. 495

tion du pouvoir. Si ce colloque ne peut s'occuper de la chose, le Consistoire de Nîmes en prendra l'initiative.

Ces décisions furent communiquées à tous les Consistoires de la région. Elles étaient du plus haut intérêt mais arrivaient trop tard. Comme on le fit remarquer à Montpellier, d'où cependant était partie l'initiative de la réunion de Nîmes, le gouvernement avait préparé déjà toute une organisation nouvelle qu'il n'y avait plus qu'à accepter.

CHAPITRE VI

La Réorganisation napoléonienne.

Nous l'avons vu en effet, depuis quelques temps déjà, Portalis, sur l'ordre du premier consul, avait pris en main toutes les questions religieuses et s'occupait aussi bien des protestants que des catholiques. De ce travail allait sortir pour ces derniers le concordat, pour les premiers, les articles organiques de l'an X.

Heureusement ce magistrat éclairé, qui en 1771 réclamait déjà la liberté religieuse, ne fut pas seul pour accomplir cette difficile et délicate mission. Il trouva des collaborateurs intéressés à Paris même, et voici comment.

Parmi les protestants, un certain nombre suivaient les affaires générales d'un œil très attentif. Le pasteur Marron, Rabaud le Jeune, frère de Rabaut Saint-Etienne, et son frère Rabaut-Pommier, par leurs relations à Paris, étaient à même de savoir ce qui se passait dans les sphères gouvernementales. Les efforts pour régulariser la situation si peu claire du catholicisme, tant national que romain, ne pouvaient leur échapper. Ils voient très bien que Bonaparte cherche à s'emparer de la religion comme de tout le reste, et ils ne sont pas sans quelqu'inquiétude, se demandant ce qu'il adviendra du protestantisme si à nouveau le vieil ennemi redevient religion d'Etat. La persécution ne renaîtra-t-elle pas? Pour éviter pareil malheur, ils ne voient qu'une voie à suivre : conquérir le gouvernement, se faire accepter par lui, vivre sous sa haute protection.

Il s'agit pour cela de se faire remarquer, de montrer quelle puissance le protestantisme est en France, quels avantages le gouvernement retirera s'il sait ce qui se passe chez ce dernier ainsi qu'il désire le savoir chez les catholiques, quelle faute enfin ce serait de laisser en dehors de la tutelle de l'Etat tout un organisme fort bien constitué.

Pour cela on provoque en province un mouvement qui aboutit à la rédaction de deux mémoires, caractérisant bien l'état d'esprit dont nous venons de parler.

Le premier émane des protestants du Midi, plus particulièrement de ceux du Gard. Il expose ce qu'est l'organisation de l'Eglise réformée, corps bien constitué, ayant une forte discipline dont l'exécution est assurée par la division « en arrondissements nommés provinces, les provinces en colloques et les colloques en églises particulières, respectivement régis par des consistoires, des colloques, des synodes provinciaux et enfin le tout par le synode national ».

Le mémoire réclame ensuite avec dignité l'appui de l'Etat. « Si pendant si longtemps, et malgré le gouvernement même, le régime suivi dans le secret a prévenu tant de maux et porté du secours à tant de malheureux, quel bien ne produira-t-il pas lorsque sous l'autorité du gouvernement, il pourra recevoir toute l'autorité dont il est susceptible ?... Il importe au gouvernement d'établir une surveillance suffisante dans toutes les assemblées religieuses et, bien loin de la craindre, les protestants la désirent [1]. »

L'autre mémoire, celui des protestants du Nord, moins bien fait, exagère encore cette note de l'avantage que trouvera le gouvernement à avoir la main sur eux. « Ils crurent, dit M. Doumergue, devoir employer un procédé poussé selon nous à un extrême regrettable ; ils se firent modestes, petits, de peur de donner ombrage au maître tout puissant qu'ils connaissaient sans doute trop bien [2] ».

Que ne l'eussent-ils mieux connu encore ! Ils ne se seraient pas jetés dans ses bras avec autant d'empressement, au risque d'être étouffés dans cette étreinte trop énergique [3].

Nous savons quelle idée Napoléon se faisait de la religion et du rôle que devait tenir le chef de l'Etat à son égard.

[1] Doumergue, *La veille...* p. 98 sq.

[2] *Idem, p.* 112.

[3] « Il semble que les Réformés d'alors énervés par une longue servitude et affaiblis encore par les secousses de la Révolution, ne se sentissent plus assez d'énergie pour se gouverner eux-mêmes, et pour payer, par quelques sacrifices d'argent, la rançon de la liberté. » — Bonnet-Maury, *Histoire de la liberté de conscience en France*, p. 100.

A ses yeux le principal objet de l'Etat moderne est la conquête de l'Eglise, car elle est la grande puissance, celle qui n'embrasse pas seulement le monde sensible et matériel, mais la totalité de l'univers, l'éternité même, et la cause suprême de toutes choses. « Sur la famille et l'éducation, sur l'emploi des richesses et de l'autorité, sur l'esprit d'obéissance ou de révolte, sur les habitudes d'inertie ou d'initiative, de jouissance ou d'abstinence, de charité ou d'égoïsme, sur tout le train courant des pratiques quotidiennes et des impulsions prépondérantes, dans toutes les branches de la vie privée ou publique, l'influence d'une Eglise est immense et constitue une force sociale distincte, permanente, de premier ordre. Tout calcul politique est faux si elle est omise ou traitée comme une quantité négligeable [1]. »

Telle est la base, mais il y a bien des façons de construire dessus. Napoléon commence par se mettre lui-même en dehors de l'édifice. « On dira que je suis papiste ; je ne suis rien ; j'étais musulman en Egypte, je se-

---

[1] Taine. *Le régime moderne*, II, 5.

rai catholique ici pour le bien du peuple. Je ne crois pas aux religions [1]. »

Elles sont dans la nature humaine qui ne peut s'en passer ; au moins qu'elles servent à la conduite de la nation ! En premier lieu donc il les faut canaliser ; celles qui existent doivent servir à empêcher la formation de nouvelles.

Au total, l'effet du christianisme est salutaire. « Je n'y vois pas, dit-il, le mystère de l'incarnation, mais le mystère de l'ordre social ; la religion rattache au ciel une idée d'égalité qui empêche le riche d'être massacré par le pauvre [2]. » L'Etat exerce une police répressive, l'Eglise une police préventive. « Le clergé est une gendarmerie de surcroit, spirituelle, en soutane, plus efficace que l'autre en bottes fortes, et l'essentiel est de les faire marcher toutes deux ensembles, au même pas, de concert [3]. »

« Vous verrez, disait Bonaparte en négociant le Concordat, vous verrez quel parti je saurai tirer des prêtres [4]. »

[1] Thibaudeau, p. 152.
[2] Pelet de la Lozère, p. 224.
[3] Taine, *ibid.*, p. 8.
[4] *Idem*, p. 11.

On comprendra, après ces quelques citations, quelle situation Napoléon accordera aux protestants qui viennent si bénévolement se jeter dans ses bras.

Lorsque le 21 ventôse an X (12 mars 1802), Portalis lui présente son projet de loi qui accordait aux protestants toutes les libertés octroyées aux catholiques, et les libérait des servitudes en ne les rendant dépendants d'aucune subvention, il le refuse sous prétexte que les protestants ne veulent rien d'un pareil régime, charge Marron, Rabaut-Pommier et Combe-Donnous de fournir à Portalis les informations nécessaires, et suggère un nouveau projet d'organisation qui au 18 germinal prend force de loi [2].

Les « Articles organiques » étaient groupés sous trois titres, le premier comprenant les dispositions générales à tous les protestants, le deuxième consacré à l'organisation des réformés, et le troisième à celle des églises de la confession d'Augsbourg.

Nous n'avons pas l'intention d'entrer dans

[2] Voir *Bulletin du prot.*, 1889, p. 413 sq., le rapport in-extenso de Portalis établissant l'Eglise libre.

un examen un peu approfondi de la loi du 18 germinal an X.

Toutefois, une rapide comparaison entre les avantages et les inconvénients de la nouvelle situation du protestantisme est nécessaire pour nous permettre d'entrevoir ce que sera son avenir le plus prochain.

Les avantages sont réels. Ce fut en premier lieu, pour les pasteurs, de se trouver salariés par l'Etat. Non pas qu'on ne lésinât dès les commencements et que Portalis lui-même ne réduisit les chiffres proposés par Rabaut. Les protestants demandaient un total annuel de 661,000 fr., on leur en accorda la moitié[1]. Le consul Lebrun était même opposé à toute subvention en faveur des pasteurs de campagne. Mais Portalis soutenu par Cambacérès eut le dessus.

Quoi qu'il en soit, du fait même de leur traitement, les pasteurs avaient droit à la protection de l'Etat, et c'est ce qui leur im-

[1] Voici le détail des allocations demandées : à Paris, 4 ministres à 6000 fr. En province, 40 à 4000, 80 à 2.400, et 100 à 1500. En plus 25 suffragants à 1200, 25 proposants à 800, un chantre et un lecteur dans 180 églises, à 300, deux académies à 40,000. Total 661,000 fr. Cf. *Bulletin du prot.*, 1892, p. 38.

portait surtout. L'opposition des catholiques n'était pas sans augmenter leur désir d'être reconnus comme fonctionnaires et l'opinion était fort répandue que si les protestants ne recevaient rien de l'Etat, ils ne tarderaient pas à disparaître.

La protection gouvernementale devait encore se montrer par des allocations pour construire des temples dont un grand nombre, modestes pour la plupart, s'élevèrent pendant l'Empire. Les communes avaient la charge de contribuer à l'entretien et aux réparations des lieux de culte.

Deux séminaires devaient aussi donner l'instruction aux futurs pasteurs.

Ce fut enfin la faveur de Napoléon [1], donc celle du gouvernement, et les mille avantages petits ou grands qu'on en retira dans la vie de tous les jours.

---

[1] Toute question de gouvernement mise de côté, l'empereur était favorable aux protestants. « Ce n'est pas ma faute, avait-il dit au moment des débats du Concordat, si on a manqué en France l'occasion d'établir la religion protestante. » Mais considérant le moment propice comme passé, il était bien décidé à ne rien faire qui put amener un mouvement religieux. Cf. *Encycl. relig.*, art. France protestante, V, p. 196.

Le bonheur fut grand et la reconnaissance infinie. Les pasteurs de Paris ayant été nommés chevaliers de la Légion d'honneur, accueillirent la chose avec les éclats d'une joie un peu enfantine. Sans nul doute Rabaut le Jeune exprimait sans exagération le sentiment de tous les cœurs lorsqu'il écrivait : « Les actes éclatants de justice, cette signalée protection accordée aux églises réformées et protestantes par le grand Napoléon, ont pénétré de reconnaissance, d'amour et de respect pour sa personne sacrée cette portion intéressante de ses sujets qui, après deux siècles et demi de persécution inouïes lui doivent la jouissance paisible des biens les plus précieux[1] »

L'enivrement de la possession de ce bon vouloir gouvernemental après lequel on avait soupiré trois siècles est même poussé jusqu'à prendre pour insignes avantages ce qu'en d'autres temps on n'eût accepté à aucun prix. Ecoutons encore Rabaut : « Organisés en vertu d'une loi, les pasteurs sont devenus des fonctionnaires publics salariés par le gouvernement et confirmés dans leur charge par Sa Majesté Impériale... La discipline ecclé-

---

[1] *Annuaire,* p. 15.

siastique a été maintenue et aucun changement ne peut y être fait sans l'autorisation du gouvernement [1]. »

Ce dernier trait nous conduit tout droit aux désavantages du nouvel ordre de choses.

En premier lieu la disparition des *colloques*. C'est fâcheux, mais moins qu'on ne le penserait au premier abord. Les nouveaux consistoires formés par groupements de 6000 réformés, les remplacent en partie.

Mais ce qui est déjà plus grave, c'est la transformation amenée dans les *synodes*. Leur champ d'action ne s'étend plus que sur un groupe de cinq églises dont chacune envoie deux délégués, soit en tout dix personnes. C'est bien peu pour vaincre l'inertie du pouvoir civil ou résister à ses empiétements. De plus, l'ordre du jour doit être préalablement soumis au gouvernement qui fixe les points à traiter et délègue un commissaire pour veiller à son exécution. L'assemblée ne peut durer plus de six jours et, une fois séparée, ne sait en aucune façon ce que deviendront ses décisions. Celles-ci, en effet, ne

[1] *Annuaire*, p. 13.

sont exécutoires qu'une fois approuvées par le gouvernement.

Un tel rudiment d'organisation, tenue en laisse d'aussi près, semble bien peu redoutable. Cependant il parut à Napoléon que la chaîne était trop longue encore, car jamais il n'autorisa la réunion d'un seul de ces synodes régionaux.

Au dessus d'eux, à bien plus forte raison, on ne tolère plus rien. L'autoritarisme de Napoléon, son besoin de tenir chaque homme, chaque institution, dans la plus complète dépendance, ne permet aucun groupement de quelque force, noyau possible de résistance ou de progrès.

De telle sorte que l'Eglise, à proprement parler, n'existe plus. L'ensemble des fidèles doit accepter comme pasteurs des fonctionnaires qu'ils ne peuvent ni nommer ni destituer. Ils doivent se soumettre à une discipline qu'ils ne peuvent ni adoucir ni renforcer. Toute possibilité de progrès a disparu, car ils ne procéderaient que du gouvernement, par nature conservateur et composé d'hommes indifférents au christianisme si ce n'est hostiles. Ceci est vrai de l'organisation ecclésiastique et plus vrai encore de la fixation de la doctrine.

A ces modifications par lacunes, il faut en joindre d'autres par adjonctions. La vieille Eglise réformée était un type par excellence de démocratie. A la base de la nouvelle, on place un ferment d'aristocratisation. Les anciens, qui étaient pris indistinctement dans la masse du peuple, sont nommés sans élection et choisis exclusivement parmi les notables de l'endroit, ceux qui paient les plus forts impôts. Par là, l'administration a bien quelque chance de se trouver concentrée chez ceux qui possèdent quelqu'instruction, mais non pas toujours chez les plus zélés[1].

A cette aristocratisation se joint une poussée vers l'épiscopat. Les consistoires, au lieu d'être présidés tour à tour par chaque pasteur, le sont par le plus ancien, désignation du reste assez arbitraire et qui devait amener promptement de graves dissensions.

En résumé, si l'organisation semble restée identique, elle est en réalité transformée très profondément. L'Eglise d'avant l'an X était

[1] Sur l'organisation aristocratique de l'église de Paris, voir *Bulletin du prot.* 1893, p. 613.

libre. Celle qui lui succède est soumise si complètement à l'Etat qu'il peut supprimer tout progrès et, autant du moins qu'une puissance matérielle peut régner sur une spirituelle, lui enlever toute vie[1].

Cela même que l'on appréciait le plus, les secours pécuniaires, en enlevant aux protestants la nécessité de pourvoir aux besoins les plus urgents de leur culte, devait achever de les conduire à l'assoupissement le plus complet. « La loi du 18 germinal, en les dispensant, eux et leurs pasteurs, de toute sollicitude pour leur culte, était venue consolider ce repos, en écartant la cause la plus prochaine de trouble, par conséquent le réveil »[2].

Voilà ce qui s'appelle acheter cher la protection d'un homme.

Etait-ce une nécessité fatale qu'il fallut accepter même au prix de la liberté perdue ?

Il est toujours hasardeux et parfois naïf de

[1] « En rétribuant les pasteurs, dit Portalis, nous avons voulu les mettre sous la dépendance immédiate du gouvernement qui pourra avec facilité arrêter, suspendre ou supprimer le traitement de tel ou tel pasteur et s'assurer ainsi la soumission et l'obéissance de tous. » Rapport du 22 brumaire, an XII.

[2] J.-L. S. Vincent, *Vues sur le protestantisme*. II, p. 265.

chercher à reconstituer l'histoire de ce qui se serait produit si...

Le marché que Bonaparte offrait aux protestants leur était désavantageux, cela est certain. Supposons qu'ils aient refusé, qu'en serait-il résulté ? Une nouvelle persécution ? La chose est possible. Dès le Concordat signé, Napoléon proscrit tous les cultes dissidents. Les théophilanthropes eurent beau réclamer, demander avec juste raison « où serait la liberté des cultes, s'il n'était permis de suivre que l'un de ceux qui sont établis[1] », le premier consul trouvait que c'en était assez dans le même pays des trois confessions, catholique, luthérienne et réformée.

Mais il ne s'agissait que de sectes sans importance. Les protestants, eux, étaient près d'un million et demi et il eut été peu politique de reprendre une lutte où n'avait pu vaincre Louis XIV.

Il eut choisi très vraisemblablement un moyen terme, soit une tolérance apparente et une guerre sourde de tous les instants. Cette guerre, les protestants auraient-ils été capa-

[1] De Pressensé, *op. cit.*, p. 358.

bles de la supporter? Nous ne savons. Dieu aurait pu leur accorder des forces particulières. Mais en tout cas, ils ne les possédaient point en eux-mêmes dans la période que nous étudions et, à vues humaines, ils eussent à peu près disparu.

Si triste en conséquence qu'apparaisse leur situation pendant l'Empire, nous considérons cependant comme une dispensation d'En Haut que les protestants aient été soutenus par une main de fer en ces années où leur religion est sans force, incapable de se tenir debout, désarmée par l'absence de toute dogmatique vivante.

Car tel fut le protestantisme pendant toute la durée de l'Empire. Son état, c'est la catalepsie. Le niveau spirituel déjà si bas descendra presque jusqu'à l'étiage, et le principal objet du culte paraîtra un temps bien plutôt le souverain de Paris que le Dieu des cieux...

Et maintenant une question se dresse devant nous, sans que nous puissions faire autrement que de la poser à notre tour aux quelques chrétiens qui voudront bien parcourir ces quelques pages.

Est-il bien certain que l'Eglise protestante ne connaîtra plus d'heures aussi sombre que celles de la Révolution? Au contraire, si les événements continuent à suivre la direction prise depuis un certain nombre d'années avec une vitesse toujours accélérée, n'est-il pas probable que nous aurons à revivre des années tout aussi angoissées ?

Sommes-nous bien préparés à cette éventualité? L'Eglise protestante française a sombré parce qu'elle n'a pas prévu l'ouragan. Notre vigilance à nous est-elle beaucoup plus grande?

Que ferons-nous si de nouveaux bouleversements sociaux surviennent ? Nous contenterons-nous d'entourer nos églises afin de les sauver d'une destruction imminente? Nous retirerons-nous tout simplement dans notre sanctuaire intime, laissant passer les flots et attendant après l'orage le retour du calme? Ou, au contraire, entrant en plein dans la mêlée, suivrons-nous l'exemple des Rabaut et des Lasource, cherchant à dominer le tumulte, à assagir les esprits, à régulariser les transactions, à calmer les esprits et à organiser sainement l'Etat nouveau ?

Autant de questions à résoudre et qui le seront à l'heure convenable.

Mais il nous paraît bon qu'elles soient posées.

Quoi qu'il en soit un fait demeure : Dieu n'a pas abandonné les siens même lorsqu'ils paraissaient très loin de lui. Sa grâce subsiste éternellement. Puisse donc son Esprit, continuant le mouvement si beau des jours du Réveil, l'élaguant et le complétant aussi, pénétrer tellement nos Eglises que d'elles sortent les solutions aux douloureux problèmes de notre siècle.

Le protestantisme a donné à la Révolution de 1789 ce qu'elle avait de meilleur ; puisse le christianisme procurer à la société nouvelle de l'heure prochaine l'ordre par la liberté, le bonheur par l'amour, la sainteté par la foi au Dieu tout-puissant.

CHAPITRE VII

La Mort spirituelle.

Nous sommes eń mesure maintenant d'étudier ce que sera le protestantisme pendant les années de l'Empire ; jusqu'à un certain point nous l'avons pu même pronostiquer, car nous avons présent à l'esprit ses faiblesses intimes ainsi que les difficultés extrêmes dans lesquelles il se débat, du fait de son organisation défectueuse et de l'oppression du pouvoir dont il a accepté l'hégémonie.

A ces navrantes constatations nous pourrions joindre encore l'exposé des obstacles non moins grands qu'un christianisme même vivant aurait eu à surmonter en ce commencement de siècle. Nous serons très sobres, car ils sont évidents et connus de chacun.

L'attention de tous est à la politique extérieure, et la gloire des aigles napoléoniennes fascine le peuple français du premier au dernier de ses citoyens. Comment vivre et se développer au milieu de cet infernal et perpétuel bruit de guerre, chaque année le meilleur de la jeunesse arraché au sol natal pour aller périr dans les plaines d'Autriche, les sierra de l'Espagne ou les pontons de l'Angleterre? Puis viennent les années mauvaises, la France affamée par la perte de ses flottes, exangue après les effroyables tueries des steppes russes, ses frontières bientôt menacées, son territoire envahi, en un mot les années 1812 à 1815, la première Restauration, les Cent-Jours et Waterloo!

Tout semble vraiment conspirer pour achever la ruine du protestantisme, et il paraît à vues humaines impossible que ce temps-là ne soit pas ce qu'il a été en effet, le plus morne de son histoire tout entière.

Et cependant le siècle avait commencé dans la joie. L'ardent désir de tant de générations était enfin réalisé : le protestantisme était traité à l'égal des autres cultes, et l'on appelait cela du doux nom de liberté.

Malheureusement, tout cet enthousiasme de la première heure resta infécond.

Le tableau par lequel Samuel Vincent a dépeint en traits sévères la vie religieuse de l'Empire est devenu en quelque sorte classique : « Les prédicateurs prêchaient, le peuple les écoutait, les consistoires s'assemblaient, le culte conservait ses formes. Hors de là personne ne s'en occupait, personne ne s'en souciait, et la religion était en dehors de la vie de tous. [1] »

Un autre historien complète cette appréciation dans les termes que voici :

« Il n'y avait point de réveil dans les esprits, point de zèle en dehors de l'étroit horizon des consistoires, point d'activité littéraire... Des mandements pastoraux, des catéchismes et des cantiques, quelques traductions de l'allemand et de l'anglais, quelques ouvrages d'un caractère plus général, voilà le bilan trop modeste de tout ce que la France protestante a produit durant ces

[1] J.L.S. Vincent. *Vues sur le protestantisme*, I, p. 265.

quatorze années. Et combien toutes ces productions sont médiocres. [1] »

On allait donc au culte, au dire de Vincent, mais pour entendre quoi ? Quelques citations révèleront l'étendue du désastre.

Après la révolution, il ne restait plus guère de l'ancienne prédication des réformateurs qu'un seul élément : la dignité ; à son tour elle paraît prête à disparaître.

Le ministre des cultes Portalis, le 19 vendémiaire an XIV (8 octobre 1805), invitait les pasteurs à « ordonner dans les temples qu'ils tenaient de la munificence de l'empereur la célébration des prières consacrées par leurs rites. C'est au zèle des pasteurs qu'il appartient de développer ces affections généreuses, ce dévouement historique qui distingue notre nation, c'est la patrie, c'est l'empereur, c'est la liberté des cultes qu'il s'agit de défendre. »

Ce langage fut compris à merveille !

On avait reçu de Napoléon ce qu'on considérait comme un grand bienfait. Il ne s'en suivait pas qu'on dût le regarder comme un demi-dieu ; non seulement oublier les scan-

[1] Kuhn, *Bulletin du Protestantisme français* 1902, p. 61.

dales de sa vie de famille et perdre de vue sa conduite envers les autres nations, mais le présenter à tous comme le modèle parachevé de toutes les vertus civiques et privées.

Désormais le panégyrique de l'empereur sera la caractéristique de la prédication.

Marron, lors du service solennel d'actions de grâces célébré le vendredi 15 août 1806, ne dépassa pas encore trop les bornes permises en s'écriant :

« Chrétiens réformés, n'oublions pas en particulier les obligations importantes que nous avons comme tels à notre magnanime empereur. L'entraînement des circonstances, la force de l'opinion, avaient, en dépit d'une législation absurde toujours subsistante, fait tolérer peu à peu notre religion. Enfin elle avait obtenu une existence légale, mais sans organisation, sans code régulateur et d'autant plus vacillante et précaire. C'est à ce pressant besoin de culte qu'a pourvu dans sa sagesse Napoléon le Grand, c'est là l'immortelle obligation que nous lui devons. Héros législateur, tu l'as dit et ta parole impériale est gravée dans nos cœurs: l'empire de la loi finit où commence celui de la conscience ! »

Mais que dire du volume de de Joux intitulé : « La Providence et Napoléon », où les victoires d'Ulm, d'Austerlitz et de Iéna, etc., ainsi que les fêtes du sacre, de la Saint-Napoléon et de la Paix continentale, sont célébrées en une suite de discours et de *Te Deum* ? Pour cela, il ne fallait rien moins qu'un nouveau style oratoire, le genre triomphal ou épinique : « Oh ! s'écriait-il, si j'avais été doué du pouvoir de créer une éloquence toute nouvelle, inconnue jusqu'ici pour célébrer des évènements sans exemple ; oui, je le reconnais, pour ne point rester au-dessous des prodiges de ce siècle, il m'eût fallu recevoir du ciel le style de l'extase et de l'inspiration ! »

A chaque victoire c'est une nouvelle crise. Prenons par exemple le discours qui suivit la bataille d'Austerlitz. Le sermon est précédé d'une prière : « Oh ! conserve-moi encore, dit-il, pour contempler la paix universelle, le prix de nos trésors, de nos combats, de notre sang, la restitution de nos colonies, la liberté illimitée des mers, le retour du commerce et de l'abondance, — et je te dirai alors : *Laisse, Dieu de miséricorde ! laisse aller ton serviteur en paix ;* puisque j'ai vu s'accomplir les souhaits les plus ardents que j'aie formés pour ce monde périssable… *puisque mes yeux ont vu ton salut.* »

Le texte est Esaïe XL.'I : « Tu n'es pas encore, mais je te vois, tu t'appelles Cyrus. » De même que Dieu a appelé Cyrus, il appelle Napoléon… « Faible, limitée et aveugle créature ! je suis néanmoins éclairé d'un rayon de la sagesse du Créateur, j'ose pénétrer dans le conseil de ses miséricordes… Qu'ai-je entendu ? Mes forces défaillent… Soutiens-moi, grand Dieu ! — avant les révolutions cruelles que nous avons éprouvées, avant, bien avant ces jours affreux, un décret consolateur était émané de la cour céleste. Celui qui appelle ce qui n'existe pas encore — comme ce qui est, l'Eternel Dieu, selon sa préconnaissance infinie, lisant dans ce siècle qui était à venir, se laissait désarmer par les nombreux sacrifices, par les pleurs et par le repentir de la France, et il appelait Napoléon pour la délivrer… »

« Par quelle fatalité, se demande-t-il plus loin, par quelle inexplicable fatalité les Russes ou les Slaves viennent-ils périr dans les campagnes de Bohême ? J'interroge, pour répondre à cette question, j'interroge les archives de l'histoire... et je lis... O Providence, Providence ! Voilà le cachet de ta justice et de ton pouvoir. Je ne puis plus longtemps te méconnaître ; tu offres à mon esprit la série cachée des causes et des effets, le fil imperceptible des destinées des peuples,... et tu les déroules à nos yeux !... Je lis que la Gaule populeuse, sous le règne de Tarquin l'Ancien, envoya au-delà du Rhin les nombreuses familles qu'elle ne pouvait suffire à nourrir. Je lis que les Gaulois, conduits par leur prince Sigovèze, s'établirent dans les lieux où sont maintenant Olmutz, Austerlitz.

« Je lis avec indignation que nos paisibles ancêtres furent troublés dans cet asile heureux par les Marcomans, de qui descendent les Autrichiens d'aujourd'hui ; je lis, ô douleur ! que les Slaves, maintenant dénommés *Russes*, fidèles à leurs instincts de férocité, accoururent des bords de la mer Noire, qu'ils usurpèrent la propriété sacrée des Gaulois, qu'ils les forcèrent à se réfugier dans cette partie des Noriques à laquelle nos pères donnèrent encore leur nom et qui s'appelle jusqu'à ce jour la *Bavière*, ou terre des *Boiens*, nom que portait cette colonie de Gaulois.

« Il est donc vrai, mes chers auditeurs, qu'en portant du secours aux Bavarois, à notre insu, nous avons secouru un peuple de frères. Il est donc vrai, ô providence éternelle de mon Dieu ; j'adore la justice tardive et impénétrable de tes rétributions... Il est donc vrai, ô Providence ! qu'en permettant que les Russes et les Autrichiens s'avançassent en bataille contre nous..., ce sont les arrière-neveux des Marcomans et des Slaves que tu as ramenés dans ces mêmes plaines où leurs ancêtres avaient répandu le sang de nos aïeux. Terre de Sigovèze, propriété antique de nos aïeux..., ouvre tes entrailles ! ainsi le veut l'Eternel, celui qui dispose des peuples et des rois, selon sa justice ; ouvre ton sein réparateur pour engloutir les injustes Slaves. [1] »

Tout ceci n'est encore que grotesque. Nous allons arriver au sacrilège avec le sermon sur le texte : « C'est lui qui nous a délivrés et

[1] La Providence et Napoléon, p. 69 et suiv. Nous citons d'après F. Puaux, *Revue Chrét.*, 1892, p. 337 et suiv., et en conservant la ponctuation mouvementée de l'original.

nous délivrera d'une telle mort. » (II. Cor. 1. 10.) Voici comment de Joux indique sa division :

« 1° Délivrance de la mort spirituelle, de l'extinction totale de le Foi, de l'Espérance et de la Charité dans les âmes ; c'est mon premier chef ;

2° Délivrance de la mort Civile et Matérielle, de la destruction violente et prématurée de nos corps ; c'est mon second chef ;

« 3° Délivrance de la mort de la Patrie, menacée par les Peuples étrangers, d'invasion, de démembrement et dè la perte absolue de sa noble indépendance ; c'est mon troisième chef. »

Puis l'orateur commence par expliquer combien le christianisme était opprimé, pendant la Révolution « Grand Dieu ! s'écrie-t-il, tu nous as délivré de cette mort la plus épouvantable de toutes. Tu as dit à NAPOLÉON, ton serviteur : Je t'ai élu dans ma miséricorde, afin que tu relèves mon temple, afin que tu me rassembles les tribus dispersées d'Israël — et ton OINT a fait selon ta parole. Napoléon a dit au temple : *sois rebâti !* il a dit à JÉRUSALEM et à

SAMARIE : vous serez fondées ; et il a
établi la fête du quinze Août, pour être de
tes bienfaits, d'âge en âge, un mémorial perpétuel ! »

Et ainsi de suite vingt pages durant : Dieu
en petites lettres; NAPOLÉON en capitales.
Christ absent, mais l'empereur devenu
L'OINT! Samarie et Jérusalem nous semblent
représenter les deux églises, réformée et
catholique ; nous laissons à la sagacité de nos
lecteurs, le soin de savoir laquelle est la capitale du Nord.

Mais, dira-t-on sans doute, la chaire
chrétienne n'a malheureusement jamais manqué de comédiens, et de Joux, par son
apostasie prochaine, ne mérite que le mépris.
C'est certain. Seulement, ce qui est grave
dans le cas actuel, c'est l'empressement que
tous mettent à accueillir semblables énormi-
tés. O. Desmont, Encontre lui-même, avaient
de Joux en haute estime. Le premier le
regardait comme l'homme qu'il faudrait à
l'église de la Rochelle, l'antique boulevard
de la Réformation, le second le désirait à
Montauban. Marron, à Paris, lui cédait sa
chaire avec empressement. « Il me semble,

lui écrivait le grand-maître de l'université, Fontanes, qu'avec une si belle imagination, on appartient plus encore à la famille des Massillon et des Bossuet qu'à celle des Tillotson et des Saurin. »

Des hommes qui ont prouvé par leur vie entière leur attachement à la cause protestante marchent presque sur ses traces. Rabaut le Jeune n'écrivait-il pas : « Après environ trois siècles de supplices et de persécutions de toute espèce, Dieu a envoyé à nos chères Eglises le grand libérateur annoncé qui devait sécher les pleurs de Sion, relever les temples abattus, abolir les lois pénales et rétablir sur les bases solides des lois la liberté de conscience et la liberté des cultes [1]. » Et un peu plus loin, n'abandonne-t-il pas une partie de l'héritage des pères en disant : « … Vous réprouverez ainsi par la pratique de cet important devoir (la soumission aux autorités) les inculpations qui nous sont faites, par quelques écrivains, d'être républicains par principes. »

Rabaut-Pommier, dans son *Napoléon libérateur*, prononcé en 1810, a tout un passage

---

[1] Rabaut. *Annuaire*, introd. p. 1.

pour prouver que les prophéties se rapportent à Napoléon, et lorsqu'il publie son sermon, il ajoute plusieurs pages de « détails succincts sur les prophéties qui ont annoncé le règne de Napoléon » et promet une publication tout entière consacrée au sujet. Elle n'a jamais paru, que nous sachions.

Gœpp, en 1807, à Strasbourg, prononce un discours qui va plus loin encore car ce n'est plus le législateur seulement qu'il encense, mais l'homme privé. Le texte déjà est un blasphème, car c'est la parole de Luc, I, 37 : « Il sera grand », et celui qui prend la place du Messie, c'est Napoléon. Voici la fin de ce panégyrique à outrance : « Au milieu des combats, dans le tumulte des armes, la piété a toujours trouvé le chemin de son cœur. A l'esprit de piété s'ajoute un esprit de modération qui manifeste toute la magnanimité de son âme. La passion lui est aussi étrangère que la faiblesse. Simple et sans orgueil, il ne se distingue des grands qui l'entourent que par la modestie de son extérieur. Il ne s'est pas contenté de donner des lois justes, il a été juste lui-même et il a prouvé à l'univers que s'il règne sur la France, l'équité règne sur lui. Enfin le malheur l'émeut et il ne peut voir souffrir sans souffrir lui-même[1] ! »

Le 5 avril 1808, le président du consistoire de Bordeaux, Martin, s'adressant à l'empereur, lui dit, sans doute avec une pleine conviction : « Sire, satisfaits d'avoir admiré sur le trône la sagesse de Socrate, le courage d'Alexandre, le génie de César, la clémence d'Auguste, le zèle de Constantin, la bonté d'Henri IV, — eh ! que dirons-nous encore ? tous les talents, toutes les vertus et tous les genres de gloire réunis en votre personne sacrée, nous allons retourner dans nos Eglises et raconter ce que nous avons vu, ce que nous avons ouï. »

A l'impératrice, le pasteur ajoute :

« Madame, quand la créature s'approche de son créateur, saisie d'étonnement à la vue de tant de perfections, elle reste interdite, muette et hors d'état d'exprimer les sentiments de respect, d'amour et d'admiration qui la pénètrent... Images vivantes du Dieu du ciel, les princes de la terre exercent en

[1] A. Vincent. *Histoire de la préd. prot. au XIX° siècle*, p. 19, note.

quelque sorte le même prestige sur nos âmes, surtout lorsqu'à la souveraine puissance dont il est l'auteur, ils joignent l'éclat des vertus dont il est la source.[1] »

Mais reposons-nous un instant, puisqu'à un pareil abaissement de la chaire protestante nous pouvons opposer le ferme esprit que des protestants aussi, momentanément français, surent montrer à l'égard du conquérant.

En 1803, les pasteurs genevois recevaient une lettre du ministre des cultes exigeant des prières publiques en faveur du succès des armes françaises dans la guerre contre l'Angleterre et ses alliés. Le consistoire opposa un refus formel et catégorique et se borna à ajouter à la liturgie la phrase que voici : « Nous appelons les bénédictions du Ciel sur les justes entreprises du gouvernement.[2] »

Cette résistance ne fut pas châtiée comme on aurait pu s'y attendre, et le fait montre bien que Napoléon ne réclamait pas un aplatissement plus digne de la Chine que de l'Europe de la part des protestants de France, ayant en somme moins à redouter de

[1] Calendrier pour 1809, p. 230.
[2] Voir Gaberel, *Histoire de l'Eglise de Genève*, III. p. 410.

son arbitraire que les habitants du petit chef-lieu du Léman.

L'année suivante, un Genevois encore donnait à tous un nouvel exemple de dignité, lors de la cérémonie du sacre. Le doyen de l'église de Genève, A. Martin, avait été choisi par l'unanimité des pasteurs français comme président de la députation protestante. La cérémonie eut lieu le 7 décembre. Aucun discours ne devait être prononcé, mais Ami Martin veut dire son mot. Napoléon était sur son trône, à droite et à gauche s'étendait un vaste demi-cercle formé par les illustrations civiles, politiques et militaires. Le doyen prie ses collègues d'attendre que la foule soit un peu écoulée. Arrivé devant l'empereur, il s'incline, et contre toutes les règles de l'étiquette : Sire, dit-il à haute voix ! Napoléon fait un geste énergique pour lui imposer silence, et un murmure de désapprobation s'élève dans l'assemblée. Martin insistant du regard, Napoléon, sans doute frappé de son air vénérable, fait un geste d'acquiescement. Le pasteur, à la profonde stupéfaction de tous, lui adresse alors les paroles suivantes :[1]

[1] D'après Gaberel, III, p. 394 et suivantes.

« Sa Majesté vient de remplir le vœu que formaient depuis longtemps les Eglises réformées de France, celui de pouvoir porter aux pieds du trône leurs hommages et l'expression de leurs sentiments.

« C'est avec une vive satisfaction que nous venons exprimer à Sa Majesté, pour nous et pour nos Eglises, notre respectueuse reconnaissance de la protection qu'elle nous a accordée jusqu'à présent, et la pleine confiance que nous fondons pour l'avenir sur le serment que S. M. vient de prêter avec tant de solennité, dont elle a voulu que nous fussions les témoins, et par lequel, en s'engageant à maintenir la liberté des cultes, elle donne le calme aux consciences et assure la liberté de l'Eglise. Nous souhaitons que les Français de toutes les communions, que nous regardons tous comme nos frères, sentent comme nous le prix de ce bienfait ; nous le mériterons par notre gratitude, notre fidélité, notre soumission aux lois, dont nous avons constamment donné l'exemple. Puissent nos prières ferventes attirer sur S. M., sur l'impératrice, sur les princes de la famille impériale, toutes les bénédictions du Monarque du monde !

Puisse S. M., qui a déjà tant fait pour sa gloire, y ajouter bientôt le titre de pacificateur de l'Europe entière et n'avoir plus qu'à déployer les vertus qui, en faisant le bonheur des peuples, font la véritable gloire des souverains et font chérir leur puissance [1]. »

Napoléon, assez mal disposé d'abord, éprouva un sympathique intérêt qui se peint sur son visage. A peine Martin a-t-il cessé de parler que, sans nulle préparation, l'empereur prononça les paroles suivantes, qui, à notre avis, feront plus pour sa vraie gloire que plus d'une victoire :

« Je veux bien que l'on sache que mon intention et ma ferme volonté sont de maintenir la liberté de conscience. L'empire de la loi finit où commence l'empire indéfini de la conscience ; la loi ni le prince ne peuvent rien contre cette liberté. Tels sont mes principes et ceux de la nation ; et si quelqu'un de ceux de ma race, devant me succéder, oubliait le serment que j'ai prêté, et que, trompé par l'inspiration d'une fausse conscience, il vînt à le violer, je le voue à l'animadversion pu-

[1] *Annuaire Rabaut*, 1806, p. 4.

blique, et je vous autorise à lui donner le nom de Néron. »

Pour la première fois en France, de la part du chef de l'Etat retentissaient des paroles de franche et réelle liberté. On l'a vu, rien n'était préparé, elles sont sorties de la bouche de Napoléon telles qu'un généreux mouvement de son cœur les lui avait dictées; et une solennelle mise en scène qui devait servir à tout autre emploi en releva le prestige et l'incomparable force.

Mais nous nous sommes laissés entraîner bien loin et surtout bien haut. Retournons donc aux bas-fonds marécageux où se traîne péniblement la prédication du temps. Il est fort à supposer, en effet, que si sur le point particulier du panégyrique elle est aussi inférieure, sur aucun de ses sujets préférés elle n'atteindra les sommets. Tel est bien le cas.

En 1789, l'espoir était dans tous les cœurs. En 1805, à lire les dithyrambes à la de Joux, il n'était pas moins grand. On ne parle que de paix, que de bonheur : « Ces promesses, ces espérances, dira Rabaut-Pommier, auxquelles personne n'aurait osé s'élever, vous le savez, Chrétiens auditeurs, sont aujourd'hui des réalités consolantes, dont nous sommes les heureux témoins. [1] » Mais entre ces deux états en apparence similaires, il y a une intime et essentielle différence. Ce qui étonne dans le premier, ce désir, ce souffle d'idéal qui parfois fait sourire, mais à coup sûr était une grande force dans la prédication, cette assurance que l'on entre dans des temps nouveaux, manque totalement dans le second. Ce dont on se félicite, c'est du rétablissement de l'ancien ordre de choses [2], c'est-à-dire qu'on ne se réjouit que de l'insuccès et de la complète banqueroute des espérances de naguère. Pareille joie dans le fond ne peut aller sans tristesse et sans faiblesse. De peur d'être encore déçu, on n'ose aspirer trop haut ; en tout on se contente du juste milieu, disons de la médiocrité et du terre à terre écœurant. Les discours abondent, interminables, sur le

[1] *Napoléon libérateur*. Discours religieux prononcé dans le temple de Saint-Louis, à Paris, le 15 août 1810, par J.-A. Rabaut-Pommier. Paris, Bertin, 1810.

[2] « Ils ne parlent que de leur joie de voir l'anarchie détruite, de la bonne providence, de la concorde, de la tolérance, de la religion sans laquelle il n'y a pas de morale, de la protection auguste de l'Etat et du bonheur d'avoir leur place au soleil de la nation. Le monde de la vie intérieure est ignoré ». Kuhn, *Bull. du prot.*, 1902, p. 67.

« Devoir de la Bienséance », « le Respect dû aux vieillards », « les Jugements téméraires », « la fausse confiance qu'inspire la Prospérité », et, triste et complet aveu, jusqu'aux « Avantages de la médiocrité ».

C'est la morale de tous les temps et de tous les lieux, de tous les sages et de toute l'humanité, la morale de l'ordinaire, du juste milieu, du calme, du vulgaire bon sens, c'est le christianisme devenu « une philosophie amie de l'homme et le tenant en garde contre ses passions, qui, loin de répugner à la religion, n'est autre que la religion elle-même.[1] »

Et c'est la religion que l'on prêche avant tout, qui sert à toutes les déclamations, car le mot est grand autant que vague, et surtout ne mécontente personne. « O sainte religion, fille du ciel descendue sur la terre pour le bonheur du monde ! toi seule es le soutien des trônes, le fondement des empires, l'appui de la prospérité des peuples et de la fidélité des individus, toi seule maintiens l'harmonie entre toutes les parties du corps social, toi seule tu

---

[1] Reybaz, cité par Vincent. *La prédication au XIXe siècle*, page 6.

sèmes la jouissance sur notre carrière terrestre. Sans toi, l'homme n'est qu'un être dénaturé, un sauvage féroce...[1] »

Les meilleures pages sont dictées par l'admiration de l'ordre qui règne dans la nature, de la beauté d'un lever de soleil ou d'une nuit étoilée. Mais le moyen de n'être pas banal sur ces thèmes-là ? Chateaubriand fascine les orateurs de la chaire sans leur communiquer le secret de sa beauté précise et toute d'observation personnelle, et ils imitent mal leur maître de style, Bernardin de Saint-Pierre.

Ces hommes ne se doutent même pas que leur christianisme est maigre à en mourir. Quelques années plus tard, un rationaliste dira : je ne crois pas, et en voici la cause. Il raisonne sa foi, il la distingue de celle d'autrui, il sait qu'il y a une droite et une gauche théologique, et entre les deux un abîme. Mais à l'heure actuelle, c'est la méconnaissance de toutes les questions ; elles n'existent pas, car la suffisance de l'époque a élucidé tous les pro-

---

[1] Armand Delille. Discours prononcé à Valence le 15 août 1806 sur le rétablissement de la religion. Citation de Kuhn, *op. cit.* page 62.

blèmes. Ou bien plutôt, chez les meilleurs, on en a secrètement peur. L'enseignement doctrinal inspire une invincible répulsion. Lorsque les circonstances obligent à affirmer quelque chose de précis, comme aux jours de grandes solennités religieuses, on le fera dans les termes toujours les mêmes et universellement consacrés. A peine peut-on relever quelques courtes phrases doctrinales dans le genre de celles-ci : « Les écrivains sacrés parlaient d'après la divinité. — Les vertus célestes se sont humanisées ; la suprême majesté a tempéré son éclat par l'obscurité de notre nature pour que nos faibles yeux n'en fussent pas éblouis. — L'éternité s'est soumise à la loi du temps, et pour tout dire avec saint Paul : Dieu s'est manifesté en chair. »

En dehors de cela, pas de dogmatique, ou plutôt celle qui est tout entière renfermée dans le cadre d'un traité de la religion naturelle : Dieu, sa providence, sa sagesse dans les œuvres de la création.

La personne de Jésus plane sur les sermons comme une ombre. Le plus souvent on n'en souffle même mot. Et lorsqu'on en parle, rien de fixe ni d'arrêté sur ses œuvres ou sa personne. Qu'est-il venu faire ici-bas ? Relever plus clairement la loi morale, nous sera-t-il généralement répondu. Son règne est le « règne de l'ordre moral sur toutes les volontés, l'harmonie parfaite entre la vertu et le bonheur » (Ancillon). C'est « une sublime entreprise, » (Fontanes père.) « Sa mission est de renouveler les ordonnances de justice. » (Reybaz). Lui-même est le « sublime instituteur du genre humain. »

L'œuvre de médiation est tellement oubliée qu'un pasteur ne craindra pas de s'écrier : « Que tes aumônes rachètent au moins tes iniquités ! » (Durand.) « Pour moi, je veux pouvoir offrir à mon souverain juge, comme une faible rémunération de toutes mes fautes, les services que j'aurai rendus. Quand bien même nous aurions quelque temps oublié Dieu, quand même nous aurions des fautes à déplorer (et quel est celui de nous qui est sans reproche), si nous avons réparé nos torts, si nous sommes revenus au devoir avec une vive repentance, nous pourrons encore envisager la mort avec assurance. » (Vaucher.)[1]

Ce que nous avons pu trouver de plus

[1] Cf. Vincent, *op. cit.* pages 7 et suiv.

avancé comme christianisme, c'est le sermon d'adieu et d'installation prononcé par Mouchon, à Marseille, sur ce texte : « celui qui vous reçoit me reçoit et celui qui me reçoit, reçoit celui qui m'a envoyé. » (Math. X. 40.) L'âme du fidèle soupire : Oh! si je pouvais m'entretenir avec Dieu comme avec mon intime ami. Et Dieu réalise le vœu : « Un merveilleux commerce s'établit en effet entre les hommes et lui, non point immédiatement, sans doute, mais, sans perdre pour cela ses plus grands avantages, par des intermédiaires qui feront parvenir jusqu'à nous. les leçons de sa sagesse, les témoignages de son amour. Dieu parle par la bouche de Jésus ; Jésus, à son tour, est représenté aux yeux des fidèles par les ministres de son Evangile, ses envoyés, interprètes de ses lois, dispensateurs de ses grâces, dépositaires de son autorité... Oui, M. F., tel est le glorieux caractère de vos conducteurs spirituels. C'est par eux que Dieu descend jusqu'à vous pour parler à vos âmes....[1] » Là s'arrête toute l'audace mystique du prédicateur.

[1] Sermon d'adieu. et d'installation prononcé dans l Eglise Sainte-Marguerite-les-Marseille, le 15 mars 1807, par M. Mouchon.

Une curieuse lettre du trop fameux de Joux montre sous un aspect bien intéressant l'état d'âme de ceux-là même qui se croient sincèrement orthodoxes. « Serez-vous orthodoxe dans votre foi, écrivait-il à Rabaut Jeune en 1805 ou 1806? Je le suis et les protestants de France aiment qu'on le soit : Serez-vous socinien comme... comme... mon Dieu, qui ne l'est pas? J'en gémis, mais il faut cacher les offenses et ne pas les révéler... La plupart des calvinistes, et peut-être des pasteurs de notre Eglise tendent au socinianisme, ou sont tout au plus ariens ; j'en connais infiniment peu d'orthodoxes. J'ai prêché et je crois sincèrement l'orthodoxie; mais je suis tolérant, ennemi des disputes théologiques, et il ne faudrait pas mettre la divinité de Jésus-Christ au rang des dogmes calvinistes, ainsi que la trinité, pour faire crier la plupart des ministres qui n'y croient pas, quoiqu'ils ne se soucient pas de l'avouer[1] ». Pareille inconscience paraît presque invraisemblable.

Le dogme donc a fait faillite, et, comme une conséquence directe et inéluctable, la

[1] Citation de Kuhn, *op. cit.* p. 63,

morale n'est pas moins piètre, dénuée de tout élément spécifiquement chrétien. La vie intérieure n'existe pas ; nul n'en parle, nul ne se doute de son importance. Par conséquent, on ne pense qu'à préserver les cœurs contre la contagion du dehors, et jamais contre celle du dedans, car en réalité on croit à la pureté native de l'homme. Il y a *des* péchés, mais non *le* péché. Et comme tout se tient dans le christianisme, il résulte de cette négation inconsciente de la chute que l'œuvre de la sanctification est totalement perdue de vue, car il ne s'agit plus d'extirper le péché, mais de réprimer des passions mauvaises, des inclinations dangereuses, des erreurs funestes. Il y a d'honnêtes gens, mais non des saints.

Et si nous avions besoin d'affermir encore le jugement que nous venons de porter sur le niveau religieux à cette époque, un coup d'œil sur les Facultés suffirait à achever de nous convaincre:

Ne parlons pas encore de Montauban, créée en 1808, et où dès le début se révèle un esprit nouveau. Mais nous savons qu'elles étaient les relations entre la France et Genève, où un instant Napoléon avait songé à avoir la seule faculté protestante. Beaucoup des pasteurs français avaient fait leurs études dans l'ancienne métropole huguenote. Or, dans les premières années du siècle, quel était le niveau des études ?

Un étudiant d'alors, Guers, déclare que l'Eglise n'avait d'autre profession de foi que celle du vicaire savoyard, d'autre religion que la religion naturelle[1].

C'est aller bien loin, semble-t-il. Mais on comprend cette parole lorsqu'on en rapproche celle d'un autre témoin qui n'a pas été démenti. Malan ne déclare-t-il pas qu'en quinze ans, tant au Collège qu'à l'Académie et à l'Auditoire, il ne peut se rappeler d'une seule instruction en faveur de la divinité éternelle de Jésus-Christ, de la nature déchue de l'homme et de la justification par la foi ?[2]

« On n'ouvrait pas la Bible dans nos auditoires, dit A. Bost. Ce livre était inutile et inconnu. En d'autres termes, il n'entrait pas dans les cours, et sauf son usage comme

[1] Guers, *le Premier Réveil*, p. 17.
[2] C. Malan, *Procès du méthodisme*, p. 18.

thème de langue, on pouvait ne pas le posséder... Et quant au Nouveau Testament, en particulier, comme plusieurs de nous ne savaient pas le grec, ce cours ne paraissait ni comme thème de langue ni autrement. [1] »

Nous croirions à quelque exagération si l'accord entre les témoins n'était pas complet. « Quoiqu'étudiant la théologie, la vraie théologie était ce que nous connaissions le moins, dira encore F. Monod... J'ai suivi pendant quatre ans les cours des professeurs en théologie à Genève, eh bien ! pendant tout ce temps, je n'ai pas vu un seul chapitre de la parole de Dieu comme objet d'étude, si ce n'est quelques psaumes et un certain nombre de chapitres dans le seul but d'apprendre l'hébreu, et je n'ai pas reçu une seule leçon d'exégèse de l'Ancien Testament [2]. »

Les fruits d'un semblable ministère sont faciles à prévoir. Quelques exemples, l'un pris dans les campagnes, les autres dans les centres protestants, nous les montreront dans

[1] *Mémoires*, 1, p. 25.

[2] F. Monod, cité dans la *Vie de Haldane*, par Petitpierre, *II*, p. 26.

toute leur sécheresse flétrie par le manque de sève évangélique.

« Il y avait dans le Haut-Dauphiné, écrit un témoin, dans les veillées d'hiver, des discussions entre protestants et catholiques ; l'accord était malaisé à établir. Les catholiques restaient catholiques ; les protestants, protestants. Au fond, la différence était moins marquée qu'il ne semble. La conduite, les goûts, les habitudes, les mœurs étaient les mêmes, ou peu s'en faut. Les uns allaient à la messe, les autres à l'assemblée. L'adoration en esprit était inconnue ; le salut par grâce, par la foi, le salut de Jésus-Christ, personne n'en parlait. La religion était pur formalisme : elle se renfermait dans des pratiques tout extérieures, plus ou moins simples, plus ou moins compliquées, selon qu'il s'agissait du culte romain ou du culte réformé ! [1] »

Transportons-nous maintenant dans le Gard, en l'année 1805. « Dans toute la région, presque en tous lieux les temples étaient déserts. A Nîmes, sur une population de 15,000 protestants, cinquante personnes à peine

---

[1] P.-F. Martin-Dupont. *Mes impressions*, p. 20, cité par Maury, *le Réveil*, I, p. 240.

prenaient part à la Sainte-Cène. Il nous souvient d'avoir entendu notre oncle parler de jeunes gens pressés du besoin de s'approcher des autels et n'osant braver la honte, qui allaient à dix lieues dans les Cévennes, recevoir dans un village éloigné, le pain de la communion. Les jeux, les théâtres, le réveil de l'industrie, et surtout le bruit glorieux des armes, occupaient seuls les esprits. [1] »

Par exemple, de Joux fait entendre une tout autre note :

« Je fais foule, écrivait-il de Nantes à Rabaut Jeune ; les obstacles à vaincre ont enflammé le désir de plusieurs ; mon temple, qui regorge jusque dans la rue, est rempli aux trois quarts de catholiques, d'athées, de déistes. J'en ai fait des hommes de désir; ils ne croient point encore, mais ils éprouvent le besoin de chercher l'objet qui remplira le vide immense qu'ils sont parvenus à ressentir ; et sans partager encore mon opinion, ils sont portés à venir recevoir l'impression centrale et vivante qui développe en eux ce principe divin dans lequel consiste la seule

---

[1] *Notice sur F.-A. Gautier*, par ses neveux L. et Ch. Vuilliemin, 1831, p. 31.

foi qui n'est point une créance historique ou logique, mais bien la présence de Dieu en nous, d'où résulte la vie intérieure et éternelle... L'on me qualifie dans la Vendée d'évêque protestant et ici l'on me traite comme tel. [1] »

Vraiment il y a là quelques phrases qui ne semblent pas datées de 1810. Mais ce que nous citions du même homme relatif à son orthodoxie sincère qui ne croit pas en la divinité de Jésus-Christ, montre combien peu de Joux se rendait compte de la valeur des mots qu'il employait. Toutefois, il y aurait peut-être une enquête intéressante à faire sur son compte.

Marron, à Paris, paraît plus dans le ton de l'époque lorsqu'il écrit : « Quand je pense à l'habituelle désertion de nos temples, à l'infréquence de ceux qui, dans nos solennités périodiques, accourent à nos saints mystères, à notre superficielle instruction dans les vérités de la foi, et à l'insouciance de l'éducation dans cette partie si essentielle, oh ! pourrais-je ne pas avoir honte de nous ! [2] »

[1] Cité par Kuhn, *op. cit.* p. 60.
[2] Cité par Kuhn, *op. cit.* p. 61.

Et en effet, l'église de la capitale, un moment si prospère qu'en octobre 1800 il avait fallu louer un nouveau temple, celui de Sainte-Marie, et en décembre 1802, y adjoindre encore celui de Pentemont[1], paraît dix ans plus tard tombée dans le marasme. « Vous vous plaignez, écrivait le pasteur Boissard au pasteur de Félice, du peu de fruit de votre ministère, j'en souffre encore beaucoup plus à Paris. Imaginez une population de dix mille âmes, dont cinquante ou cent à peu près se rendent régulièrement au culte et dont le nombre s'élève tout au plus à deux cents cinquante ou trois cents dans les beaux jours.[2] »

Nous en avons assez dit pour montrer l'extraordinaire abaissement de la prédication et du christianisme, et maintenant nous serions tentés de donner libre cours à notre stupéfaction, blâmant en paroles sévères de tels conducteurs spirituels.

Mais avant tout nous voulons être justes et ce besoin nous conduit à deux réflexions :

En premier lieu il nous paraît illusoire

[1] Lods, *Bull. du prot.*, 1889, p. 465,
[2] *Encycl. relig.*, art. France, V., p. 197.

de chercher à excuser pareille faiblesse en y voyant une adaptation aux nécessités de l'époque. [1]

Il est parfaitement légitime que dans tout une période, la prédication et l'enseignement insistent particulièrement sur l'une des faces de la vérité chrétienne, mise ainsi en évidence. Mais cette adaptation aux besoins présents doit être le résultat d'un calcul et non le produit du hasard ; elle doit se manifester par un accroissement d'attention et d'activité pour protéger le point menacé, et non pas être le dernier résidu demeuré au fond de la cornue, le parfum évangélique

---

[1] C'est la thèse soutenue par un observateur attentif et sévère que nous avons déjà cité à plusieurs reprises :

« Le temps, peu porté au dogme, appelait davantage une prédication morale. Que fallait-il, avant tout, lorsqu'on voyait l'élite de la nation offrir l'étrange spectacle d'âmes magnifiquement douées par Dieu, et reniant ce Dieu qui vivait dans leurs belles facultés? Il fallait avant tout lutter contre les erreurs d'une fausse philosophie. Cette tâche, la prédication protestante des vingt premières années du siècle l'a remplie non sans gloire. » Vincent, *Hist. de la préd.*, p. 12.

De même, M. Kuhn: « Cette prédication, si maigre qu'elle fût, n'était pas impuissante, car elle maintenait parmi la foule un grand respect des choses saintes et des habitudes d'honnêteté, de morale sévère. » *Op. cit.* p. 63.

une fois évaporé « à tous vents de doctrines. »

Or, dans le cas actuel — nous venons de le voir — il ne reste pas grand chose de la morale chrétienne, et de la dogmatique, rien, parce que rien dans les croyances spécifiquement chrétiennes n'est raisonné ni assimilé. Si donc les prédicateurs se rabattent sur les grands thèmes communs à toute religion et à tout spiritualisme, ce n'est pas ardeur apologétique et tactique de combat, c'est parce qu'ils ont tout perdu, sauf les généralités acceptées de tous.

Ceci nous conduit à notre second point.

Oui, il faut excuser, mais pour cela il faut regarder ailleurs qu'aux hommes de l'Empire.

L'Eglise sous la Croix nous apparaît digne de tout notre amour et d'une sympathie émue autant que respectueuse. S'il y a des lacunes dans son organisation, sa science, sa compréhension des événements et jusque dans sa vie morale, nous ne saurions nous en scandaliser. Bien au contraire, tout ce qui échappe à la destruction est pour nous cause d'émerveillement et d'actions de grâce. Par avance tout est, ou excusé ou objet de louange.

Mais une fois la persécution terminée apparaît toute l'immensité des ruines. Pendant l'ouragan, c'est assez et beaucoup de vivre ; le calme revenu, on constate les désastres qu'on trouve toujours trop grands.

Le règne de Napoléon, c'est précisément cette époque où peut se faire l'estimation exacte des dommages. La paix intérieure est complète, la protection du pouvoir efficace. En apparence, rien n'excuse les déficits, et l'on est tenté de juger et de blâmer avec une sévérité de bon aloi. A la réflexion, au contraire, l'on se dit que maintenant seulement la persécution subie par les pères déploie toutes ses funestes conséquences. Au lieu d'accuser avec véhémence les victimes, il sera infiniment plus juste de mettre à l'actif des persécuteurs, non seulement toutes les larmes, tout le sang qu'ils ont fait couler au fort même de leur rage, mais encore toute la langueur et toute la misérable faiblesse du christianisme des descendants des martyrs.

Et maintenant, continuant notre œuvre d'historien, nous allons pouvoir nous diriger en de plus riantes contrées.

Dans ce cimetière, au milieu des ombres de la nuit, le silence n'est pas absolu, la mort ne règne pas seule ; l'orient s'éclairera bientôt et nos yeux étonnés apercevront alors quelques travailleurs à l'œuvre, un Encontre, un Rabaut, un Desmons, quelques autres encore.

Envisageons donc les tentatives faites pour sortir de l'engourdissement général et morbide, soit par des essais d'organisation meilleure de l'église, soit par l'utilisation des forces que cette organisation met entre les mains des protestants, et en particulier par une éducation plus sérieuse accordée aux futurs pasteurs.

Ce mouvement en avant, très réel, nous le constaterons, est aussi bien distinct de celui qui aboutit au Réveil, et ne fut cependant pas sans le favoriser dans la suite.

CHAPITRE VIII

Rapports avec le catholicisme.

Le protestantisme une fois reconstitué comme église ne pouvait manquer de rencontrer sur sa route le vieil ennemi héréditaire, le catholicisme romain. Pendant l'Empire, la lutte contre lui prend une forme nouvelle, grâce à la souplesse et aux prodigieuses facilités d'adaptation du clergé romain. Il n'est plus question, il va sans dire, d'agir par voie d'intimidation et de violence : Napoléon ne tolère aucune tentative de l'une des confessions sur l'autre. Chacun chez soi est sa devise. « La forte main qui tenait la France entière dans une obéissance tremblante, arrêtait

la moindre velléité d'indépendance. On ne pouvait songer ni à s'étendre, ni à propager sa
doctrine. La moindre tentative de prosélytisme
eût troublé la paix de l'empire. D'ailleurs une
censure rigide prévenait tous les écarts possibles de la parole et du livre [1]. »

Les paroles de tolérance prononcées lors du
sacre étaient trop fermes, et, disons-le, trop
sincères pour qu'on essayât de les enfreindre
directement. Mais ne serait-il pas possible de
découvrir dans la tendance même qu'elles
inaugurent un moyen de rétablir l'unité de
l'Eglise? Puisqu'on parle tant de paix, d'union
et de concorde, ne pourrait-on pas les réaliser une fois pour toutes ?

L'ancienne animosité, les douloureux souvenirs du passé étaient bien tombés, pensait-
on, et les ressentiments paraissaient plutôt
aller à l'athéisme, cet adversaire commun qui
avait porté les mêmes coups aux deux confessions. Certaines paroles prononcées naguère,
au début de la Révolution, par quelques-unes
des voix les plus autorisées du protestantisme,
le soin que présentement ses pasteurs mettent à
éviter tout froissement, lorsque même ils ne

[1] Kuhn, *op. cit.*, p. 50.

vont pas jusqu'à solliciter à l'égard des catholiques la faveur gouvernementale [1], le fait que
dans certaines localités, comme nous le ver-
rons, protestants et catholiques officiaient
dans le même lieu, ou contribuaient d'un
commun accord à l'érection de leurs temples
respectifs, tout cet ensemble de circonstances
pouvait en effet conduire à croire que le
moment était bon pour entreprendre quelque
chose dans le sens d'une union. La faiblesse
doctrinale du protestantisme se bornant à
prêcher les affirmations de la religion naturelle, communes à eux et aux romains, aidait
à faire supposer qu'on ne rencontrerait pas
de résistances profondes, et que l'abîme dogmatique d'autrefois était aisément franchis-
sable. Qui sait de plus, qui sait si bon
nombre des pasteurs de l'heure actuelle, en-
traînés par le courant général de la réaction,
ne sont pas fatigués de la démocratique organisation de leurs églises et ne se laisseront
pas séduire par la possibilité d'autorité,

---

[1] Par exemple le Consistoire de Mazamet demande spon-
tanément au gouvernement de laisser dans la rue toute
liberté aux processions catholiques, Cf. C. Rabaud, *op.
cit.*, II, p. 431.

d'honneurs et de dignités plus grandes, auxquels ils ne pourraient atteindre qu'en rentrant dans l'établissement romain ?

Ces pensées rencontrèrent un interprète habile et éloquent en la personne de l'archevêque de Besançon, Mgr Lecoz. Le 8 novembre 1804, il adressa une lettre particulière aux trois pasteurs de Paris, espérant peut-être que les ressentiments seraient moins vifs dans la capitale qu'en province, et aussi que s'il pouvait gagner les hommes qui avaient travaillé aux articles organiques, les autres suivraient volontiers ceux en qui déjà une fois ils avaient placé leur confiance.

Sa lettre est pleine de douceur et d'aménité, et avant tout les convie à travailler à la réalisation « d'un des vœux plus chers à son cœur et pour l'accomplissement duquel, très volontiers, il donnerait tout son sang. »

Napoléon a tant fait qu'il semble impossible de pouvoir ajouter quelque chose à son œuvre. « Qui pourrait le faire ? Qui, Messieurs, vous et nous. Que la réunion des Protestants et des Catholiques de France, depuis longtemps si désirée de part et d'autre, soit aussi proclamée dans ce grand jour ; que Samarie et Jéru-

salem abattent enfin le mur funeste qui depuis
tant d'années les tient séparées; qu'elles se
rapprochent, s'entendent et viennent ensemble, présenter à notre nouvel empereur,
comme les premiers de leurs hommages et de
leur dévouement, une solennelle promesse de
ne vouloir, sous son empire, avoir qu'un
cœur, qu'une âme, qu'une religion, qu'un
culte, et de travailler avec une sainte har-
diesse à la prospérité et à la gloire de son
règne... Des cultes divers, des temples sépa-
rés, des adorateurs désunis pourroient-ils
êtres *(sic)* agréables au Dieu Sauveur qui, au
moment de donner pour nous tout son sang,
adressoit à son père éternel cette touchante
prière ? « Qu'ils soient un comme vous et moi
ne sommes qu'un. » Je l'ai dit et vous ne pou-
vez l'ignorer, Messieurs, cette réunion est ardemment désirée. Que de preuves je pourrois
produire de ce précieux désir ! Ah ! qu'elle ait
lieu aujourd'hui plutôt que demain, me disoit,
il y a quelque tems, à l'archevêché de Besançon, un de vos plus estimables confrères,
et nos cœurs attendris, et nos larmes confon-
dues dans un attendrissement charitable le
disoient encore plus énergiquement... »

Puis l'archevêque passe en revue les différentes occasions où dans les siècles précé-
dents, quelques tentatives de conciliation
avaient été faites. et termine, comme il a dé-
buté, par un appel au sentiment, par un tableau
de la beauté d'une semblable réconciliation.
« Le saint et auguste chef de l'Eglise va paroître
au milieu de nous ; ses vues évangéliques sont
connues de toute l'Europe... avec quelle ardeur il se prêteroit à tous les moyens de notre
conciliation, compatibles avec les droits rigou-
reux de la vérité ! avec quelle joie il ouvriroit
ses bras à des enfans dont l'éloignement dé-
chire son cœur paternel !... Tout me semble
donc favorable pour l'accomplissement du
projet de Molanus et de Bossuet, et j'ai la
douce espérance de pouvoir, avant de descendre dans la tombe, m'écrier avec le pieux
Siméon, à la vue de notre sainte réunion :
Nunc dimittis servum tuum, Domine [1] ».

Du reste, aucune parole de regret pour le
passé, les persécutions, tout le sang répandu,
toutes les atrocités commises ; aucune mention

[1] Cf. Détails historiques et recueil de pièces sur les
divers projets de réunion de toutes les communions chrétiennes, par Rabaut le Jeune. Paris, 1806, p. 151-163.

non plus des concessions réciproques qu'il y aurait lieu de discuter. Il ne fait entendre qu'une seule et unique note : unissons-nous ! Ce qu'il faut comprendre par un : revenez à nous, ayant abandonné tout ce qui nous sépare. Un seul culte, ce sera celui que nous pratiquons ; une seule foi, celle du concile de Trente ; une seule religion, la catholique, apostolique et romaine.

Aussi ne pouvons-nous que manifester notre étonnement des réponses faites par Mestrezat et Rabaut-Pommier. Ils commencent par admettre l'entière bonne foi, l'évidente sincérité, « le caractère de franchise et de générosité » de l'archevêque. Mais ils prévoient des difficultés, dont l'une est d'ordre religieux. « Nous sommes convaincus qu'aucune réunion des réformés avec l'Église gallicane ou avec l'Eglise romaine ne peut réussir si la liberté n'est pas laissée au fidèle de croire que dans la Cène il participe au pain et au vin en figure ou en réalité. » Mais pour le reste, l'accord devient très possible et très désirable. « Nous croyons tous, Monsieur, au même Dieu, au même Sauveur, à la même éternité, à la même morale. Nous adoptons, ainsi que tous les chrétiens, le symbole des apôtres. » Mais qu'à la liberté des cultes, « les chrétiens ajoutent cette persuasion que le Créateur n'imputera point à ceux qui admettent son Christ et son Evangile, l'erreur involontaire à laquelle les bornes de leur raison auraient pu les exposer sur quelques opinions particulières, malgré la sincérité avec laquelle ils auraient cherché à n'y pas tomber, alors sans doute, unis par l'espoir d'un même salut, nous serions plus aisément amenés à borner l'expression de notre foi commune à des articles fondamentaux précisés comme ils le sont dans l'Ecriture, à n'admettre dans notre culte que ce qui, sans être opposé à notre foi, serait propre à sanctifier le chrétien, et dans notre discipline, ce qui, sous l'inspection et l'aveu du Gouvernement, suffirait pour maintenir la foi, l'ordre et les mœurs. »

Bref, les deux pasteurs croient à une union possible, et demandent, pour préparer son avénement, que la plus large tolérance soit pratiquée des deux côtés.

C'était, on le reconnaîtra, faire preuve d'un singulier optimisme et d'une certaine candeur. Et pour n'avoir pas relevé d'emblée tout ce

qui, d'une façon absolue, séparait un archevêque, fût-il de Besançon, d'un pasteur, fût-il
de Paris et du commencement du XIXme siècle, il leur fallait des notions sur le protestantisme et sur le catholicisme, sur le christianisme lui-même, terriblement vagues et con-
fuses !

J. Molines, pasteur d'Orange, écrit aussi
une lettre à Lecoz, où il affirme sa croyance
en la possibilité d'une union. Mais elle ne se
fera que si tous les chrétiens, catholiques
comme protestants, abandonnent leurs croyances doctrinales pour marcher dans le seul
chemin de la vertu. « Je ne vois pas le christianisme de l'Evangile dans les subtilités d'une
ténébreuse métaphysique, je le vois essentiellement dans la vertu, surtout dans la charité
dont notre divin Maître nous a donné la leçon
et l'exemple. ...Cette morale, Monsieur, nous
est commune. Hé bien ! c'est ce point de
contact par où nous tenons aux hommes que
vous instruisez, et par où tiendront à nous les
hommes instruits par vous et par ceux qui
vous ressemblent.[1] »

---

[1] Rabaut le jeune, *op. cit.*, p. 181.

Nous sommes surpris que Marron ne se soit pas joint à ses deux collègues de Paris pour répondre. C'est que sa lettre est d'un tout autre style. Datée du lendemain même de celle de Lecoz, dès le titre elle montre clairement que les doucereuses avances de l'archevêque n'ont réussi qu'à une chose, éveiller en lui la vieille fibre huguenote. Pour le prêtre romain, les pasteurs de Paris étaient des « ministres du culte protestant »; Marron, lui, se désigne d'emblée sous le titre de « Ministre du Saint Evangile ».

Certes il a le désir de la paix, et plus que cela, d'une union véritable, « un seul troupeau et un seul berger ».

« Je puis me féliciter, M. l'archevêque, de me trouver parfaitement à l'unisson des sentiments et des vœux que vous exprimez dans votre lettre...

« Vous l'avouerai-je? votre projet me paraît le rêve d'un homme de bien... ou plutôt le rêve d'un ange...

« Vous nous invitez assez explicitement à embrasser la Religion catholique; n'avons-nous pas le même droit de vous inviter à embrasser la Religion Réformée?

« A vous dire franchement mon avis, ce n'est pas ainsi qu'on s'accorde, et vous avez bien plus de pas à faire en avant que nous n'en pouvons faire de rétrogrades... Dans le plus intéressant de tous les buts, nous sommes prêts à tout faire, hors ce qui serait désavoué par la conscience et l'honneur. La parfaite uniformité d'opinion en matière de foi me paraît une chose impossible par sa nature ». Toutefois, il reste un terrain d'entente, « l'unité, non point d'idées, mais d'affection.» Pour le reste, « gardons-nous d'appeler avec précipitation de nouveaux schismes en travaillant à l'unité [1] »,

Marron parlait clair et juste. Les protestants n'étaient pas encore assez bas pour répondre à l'invitation qui leur était faite, et la tournure qu'allait prendre le débat était bien de nature à montrer aux hésitants quel piège leur était tendu.

Aux hésitants, disons-nous, car comme les lettres de Mestrezat, Rabaut Pommier et Molines nous l'ont montré, ils existaient. Et lorsqu'en 1806, Rabaut le Jeune réunit en un seul document tout ce qu'il a pu trouver sur le

[1] Rabaut, *op. cit.*, p. 165-170.

sujet du rapprochement de toutes les confessions chrétiennes, son but est certainement irénique, et il espère que l'union pourra se faire dans un délai assez bref. Le vrai chrétien, dit-il dans sa préface, se livre à la douce espérance de pouvoir ramener cet heureux temps où l'union régnait entre les premiers chrétiens qui ne formaient qu'un cœur et qu'une âme. Ce projet a été souvent conçu, toujours il a échoué. « Mais les temps sont bien changés! les circonstances sont bien différentes! le progrès des lumières a dissipé les ténèbres du fanatisme et de la superstition!... Cependant toutes les difficultés ne sont pas vaincues... Qui s'en rendra maître? C'est au grand Napoléon que ce nouveau triomphe est réservé : déjà il a rendu de grands et importants services à l'Eglise; le plus précieux de tous, la réunion de toutes les communions chrétiennes, sera dû à sa puissante intervention... [1] »

Les dures expériences de la Révolution n'avaient décidément pas anéanti chez le plus jeune des Rabaut toute trace d'utopie sentimentale. Car lui tout au moins, lorsqu'il écrit

____

[1] Rabaut, *op. cit.*, p. I-XI.

ainsi, connaît la curieuse « Lettre aux chrétiens des églises protestantes sur les avantages de leur réunion à l'Eglise catholique romaine » où la tactique de ses adversaires
apparaît au grand jour. Mais son cœur candide n'y voit que le fait d'un esprit chagrin
qu'on ramènerait facilement à de meilleures
pensées. Le raisonnement de l'auteur, M. Lucet, dont la lettre eut du reste peu de notoriété, est dans les débuts habile et bien dirigé
de manière à conquérir ses adversaires. Pleine
de douceur la lettre commence par une citation d'Augustin : « Mes frères, nous avons
assez disputé, assez plaidé ; enfans par le saint
baptême du même père de famille, finissons
enfin le procès. Vous êtes nos frères, bons ou
mauvais ; voulez-le, ne le voulez pas, vous
êtes nos frères. Pourquoi voulez-vous ne pas
l'être ? » Votre morale, de votre propre aveu,
est la même. Profitons donc des bienfaits de
l'unité, bienfaits que nul ne conteste. Luther
croit en une Eglise universelle, Calvin dans
son catéchisme enseigne expressément l'article « je crois l'Eglise catholique ».

Seulement quelle est la vraie Eglise ? Ici,
forcément, puisque l'auteur posait la ques-

tion, l'oreille de l'âne devait percer : l'Eglise romaine est la plus ancienne ; dans son sein, tous reconnaissent qu'on peut trouver le salut ; ce que Luther et Calvin ont ajouté à ses dogmes, n'est qu'impiété et monstruosité. Bref, M. de Lucet se fâche et oublie quelque peu son but, de telle sorte que très probablement, sur les âmes moins simples que celles de Rabaut Jeune, sa lettre produisit le plus salutaire effet, et que, renforcée par divers autres écrits qui attaquaient vivement les réformés[2], elle contribua à anéantir cette chimère d'une union qui aurait été une désertion et un reniement de la part des protestants.

Après 1806, on n'en parla donc plus, et c'est heureux, car dans les conditions où elle se présentait, cette affaire était une véritable insulte à la foi et au bon sens des réformés.

Du reste les tiraillements que les frottements de la vie amenèrent nécessairement en province devaient contribuer puissamment à écarter toute pensée d'union contre nature.

Ce n'est pas que les protestants ne fissent leur possible pour éviter tout froissement.

[1] Rabaut le Jeune, *op. cit.*, p. 183-220.
[2] Idem, p. 221, note de l'éditeur.

Dans les communes mixtes, pour pouvoir exercer au dehors des cérémonies religieuses, il
fallait qu'aucune opposition ne s'élevât de
la part d'autres confessions. Or partout
les protestants, ou laissent faire, ou ré-
clament même toute liberté en faveur de
leurs adversaires. Mais partout aussi, suivant
la logique de leurs prétentions, les romains
acceptent ce qu'on leur accorde, et prennent
ce qu'on ne leur offre pas.

C'est ainsi que l'évêque de Montpellier
invite tous les habitants de Castres à pa-
voiser leurs maisons au passage des processions. Certains réformés obtempèrent à l'ordre ; mais le consistoire, que nous avons vu
naguère inviter ses ressortissants à éviter
toute lutte contre le fanatisme, ne veut pourtant pas permettre de compromettantes faiblesses, et charge chaque pasteur de lire en
chaire, toutes les fois que les circonstances
locales le comporteront, une adresse rappelant à tous le danger et l'impiété de toute
tergiversation. « La Cène, dit-elle, n'est que
figuration pour nous, tandis que les Romains
voient un corps dans l'hostie et exigent l'adoration par les tentures et les génuflexions ;

et par conséquent c'est se rendre complice
que d'y prendre la moindre part[1] ».

Ainsi petit à petit, chacun est ramené à
une plus juste notion des rapports entre les
deux cultes, et divers incidents que nous ne
connaissons qu'en partie, en montrant que le
vieux ferment autoritaire et persécuteur n'a
pas disparu, convièrent promptement à plus
de prudence et de vigilence. Tel, en 1810
et à Castres encore, le cas de ce prêtre trop
« vieux régime » qui rebaptise clandestinement
un enfant protestant. Le père, Jean Boyer,
n'hésita pas à dénoncer le fait aux autorités[1].

Les essais de réorganisation de l'Eglise
réformée, dont nous allons maintenant parler,
de même que les premières luttes dogmatiques et ecclésiastiques qui vont bientôt
surgir, en précisant les besoins et les conditions de vie du protestantisme, achèveront
d'enlever toute illusion, et tout révèlera
l'infinie profondeur qui sépare les deux confessions, abîme qui en réalité n'avait jamais
cessé d'exister.

[1] C. Rabaud, *op. cit.*, II, 444.
[2] C. Rabaud, II. 445.

CHAPITRE IX

Progrès matériels.

Quelles que fussent les entraves apportées
au développement du protestantisme du fait
de sa subordination au pouvoir et plus encore
de son manque de vie et de foi agisssante, il
est évident que les énergies que nous avons
constatées dans son sein, capables de produire
sa réorganisation spontanée, continueront à
s'exercer et influenceront sa marche d'une
manière éminemment favorable.

Les pasteurs n'ont pas une notion claire
de l'Evangile, mais ils n'en aiment pas moins
l'Eglise de leurs pères. La plupart ne demandent qu'à marcher sur leurs traces d'une

façon honorable, et si un grand nombre ne passent pas du désir à l'action, quelques-uns tout au moins pour y parvenir essayent de secouer l'apathie générale. De plus, il est naturel que les hommes qui de si bonne foi ont placé l'Eglise de leur cœur dans sa situation présente, cherchent à en retirer le maximum d'avantages, à réaliser l'idéal entrevu, à recueillir les fruits espérés du régime nouveau de la protection de l'Etat. Ils tenteront aussi de compléter les lacunes qui les ont frappés dès le premier instant et, cultivant la faveur du pouvoir, non seulement viseront à conserver les positions acquises, mais aussi à en conquérir chaque jour de meilleures.

D'une façon plus générale, chacun dans le feu du premier enthousiasme donnera un peu de soi-même pour le bien commun, et les résultats pratiques, directs et matériels de cette union des bonnes volontés apparaissent manifestes et durables.

Le besoin le plus immédiat se trouvait dans le manque de locaux pour le culte, comme aussi dans la pénurie de pasteurs.

Les promesses du gouvernement avaient

été formelles, et il les devait tenir jusqu'à un certain point. C'était de bonne logique ; puisque Napoléon désirait dominer sur les esprits par le moyen de la religion, puisqu'il voyait dans chaque prêtre un gendarme en soutane plus utile que son confrère botté et galonné, il devait pourvoir à ce que le corps pastoral reçût un recrutement normal, par conséquent eût son pain assuré, son domicile fixe, tienne son rang et soit entouré de la considération indispensable à son autorité et à son prestige.

Dès son premier rapport, Portalis constate que le nombre des pasteurs est très insuffisant. La circonscription du Poitou, pour 31,000 protestants, ne compte que 7 pasteurs ; on en établira 14. En Normandie, l'écart est plus considérable encore, car les ministres ne sont que 8 pour une population réformée de 50,000 âmes ; il en faudra 16 au minimum[1]. Au total, il y a un ministre pour 3150 protestants. Il en faudrait, dit-il, un pour 2420,

[1] Compte rendu de la situation générale du protestantisme français, dressé par Portalis, chargé par le consul Bonaparte de préparer une législation pour organiser les cultes protestants. *Bulletin du prot.* I, p. 183.

soit, au lieu de 168 pasteurs, un total de 220. Ces chiffres se rapportent au territoire de l'ancienne France seulement.

Si les pasteurs manquent, à bien plus forte raison les locaux. Dans l'Ariège, on célèbre le culte dans des granges ; l'Ardèche n'a pas un seul temple ; toutes les églises des environs d'Alais tiennent leurs services divins en « plate campagne », de même à Genollac, Maurias, St-Ambroise, St-Jean Marvejols, dans toutes les églises de la circonscription synodale de St-Jean du Gard et en beaucoup d'autres localités des Cévennes. A Chalençon dans la Drôme, les assemblées se réunissent en un lieu dangereux à cause de la chûte des pierres.

Ces détails dépeignent bien la navrante situation, et font comprendre avec quelle joie on accueille l'espérance de posséder des locaux convenablement installés, dans lesquels on soit à l'abri des intempéries et point obligé de suspendre le culte à la moindre menace d'orage et par le mauvais temps.

Partout donc on s'agite afin de recevoir les autorisations de louer, aménager ou bâtir, et surtout pour obtenir des secours pécuniaires. On se cotise et on collecte. A La Force, à Eymet (Dordogne), à Chatillon (Drôme), à Froissac (Gard), à Calmont, Revel, à Montpellier, à Pelet (Haute-Garonne), ailleurs encore, dès 1806 les réformés, de leurs propres deniers, se sont bâtis des lieux de culte.

Dans d'autres endroits, on obtient quelque argent des catholiques, par exemple à Gabie (Ariège), ou encore on partage avec eux les frais d'édification d'un temple commun (Beaumont, Drôme).

En l'an XI, Nîmes acquiert son temple; en l'an XII, sept églises sont inaugurées; douze en l'an XIII et les trois premiers mois de l'an XIV; quatorze en 1806 et quatre dans les premiers mois de 1807.

Le 11 août 1808, l'église luthérienne de Paris est autorisée à se former en église consistoriale, avec deux pasteurs pour desservir l'église des Carmes-Billettes. L'inauguration eut lieu le 26 novembre 1809 [1].

Si d'énormes charges militaires n'avaient pas absorbé le meilleur du revenu de la France, nul doute que les progrès n'eussent

[1] *Bulletin du prot.*, 1892, p. 206

été bien plus rapides et les subsides de construction et d'aménagement moins chichement répartis.

Certaines régions sont particulièrement favorisées. Il suffit d'un homme d'énergie pour obtenir la réalisation des promesses. A Castres, où Crébessac travaille avec l'ardeur que nous savons, chaque année marque d'importants pas en avant. Cette circonscription n'avait, en 1800, que deux pasteurs (Crébessac et Lasource); elle en compte quatre en 1805, dix en 1807. Le temple de Castres peut même en 1812 inaugurer l'installation d'orgues pour lesquels une collecte a produit 3,313 francs [1].

Comme tout vient de Paris, il est de première importance de posséder dans la capitale un homme habile, bien vu des autorités, sachant forcer les consignes, secouer les torpeurs, faire sortir les décrets des cartons où ils dorment d'un sommeil trop paisible et surgir la signature au moment opportun. Les protestants sentirent la nécessité d'entretenir pareil intermédiaire, et Rabaut le Jeune est chargé de représenter à Paris les intérêts

[1] C. Rabaud, *Le prot.*, etc., II, 449.

de tous. Chaque consistoire lui vote une
allocation qui devait être assez importante,
car Mazamet à lui seul contribue pour 200 fr.
et, lorqu'il veut publier son *Annuaire*, sous-
crit pour 50 exemplaires [1].

On se souvient que lors du couronnement
de Napoléon, tous les présidents de consistoire avaient été convoqués à Paris. Ils surent
profiter de cette occasion rare pour s'occuper
des intérêts généraux du protestantisme. Du
7 frimaire an XII jusqu'au 30 du même mois
(du 1er au 30 décembre 1803), ils ont de fréquentes réunions dans lesquelles ils cherchent
les moyens de donner plus de corps à l'Eglise
de France, en préparant « l'uniformité de la
doctrine, celle du culte et celle de la discipline ». On décide de nommer dans les principales églises des commissions dont chacune
préparera plus spécialement un des sujets
en délibération. Puis ces divers travaux seront réunis et envoyés à la commission de
Genève qui resterait chargée d'unifier et de

---

[1] C. Rabaud. *Op, cit.* II, 431. Mais s'agit-il bien de Rabaut le Jeune ou une partie de ces faits ne vont-ils pas à
Rabaut-Pommier ? Nous ne savons ; les historiens paraissent faire de fréquentes confusions entre les deux frères.

rédiger en dernier lieu. Sans doute avait-on l'espérance qu'un Synode national donnerait au tout les sanctions indispensables.

On ne fut pas sans entrer dans certains détails ; ainsi Genève et Paris furent chargés conjointement du soins d'améliorer le chant, la musique et la poésie sacrée. Mais c'est bien un signe des temps que de voir deux des principales églises chargées de ces sujets de second ordre, alors que tant d'autres plus vitaux sembleraient devoir s'imposer. Il y a certainement de l'impuissance dans ces efforts vers un avenir meilleur. Aussi lorsque la séparation se fut produite, les projets en restèrent là ; la difficulté des communications, la dureté des temps et l'apathie générale toujours grandissante, empêchèrent d'aboutir à quoique ce soit[1].

Cependant on réussit à organiser à Paris un bureau de correspondance destiné à unir les différentes églises, et nous avons vu que

[1] Cf. Puaux. D. Encontre. *Rev. Chrét.* 1877, p. 425, d'après un « Résumé de la conférence qui eut lieu entre les pasteurs présidents de Consistoire, à Paris, depuis le 7 frimaire an X jusqu'au 30 inclus. » Archives du consistoire de Paris.

Rabaut-Jeune fut désigné pour remplir ce poste de confiance [1].

Ce plus jeune des fils du vétéran du Désert est une des plus intéressantes personnalités de l'époque. Proscrit en 1793, il réussit à émigrer, mais après le 9 thermidor rentra à Nîmes. En 1797, il est député du Gard au Conseil des Anciens et, en 1799, il entre au Corps législatif qu'il préside en 1801. Envoyé dans le Midi comme commissaire, il en revient décoré, ainsi que son frère Rabaut-Pommier. Il sort du Corps législatif en 1804, retourne à Nîmes et, en 1808, périt en sauvant la vie à un jeune enfant.

Son esprit, de grande envergure. très certainement, prévoit bien les dangers de l'heure présente pour peu que la situation se prolonge. « Si on nous avait consulté, à propos des consistoriales de six mille âmes, écrivait-il déjà le 19 germinal an X, nous aurions démontré qu'elles sont impratica-

---

[1] Cf. *Encyclop. rel.* Article France protestante, V, p. 197. Ce bureau fonctionna-t-il, nous ne savons. Rabaut-Jeune en 1804 est conseiller de préfecture à Nîmes, d'après Haag, ce qui semble peu compatible avec le secrétariat dont nous parlons. Cf. Haag, VI, p. 359-60, 1re édition.

ticables[1]. » Ne paraissant pas posséder plus que ses contemporains le secret d'une vraie vie religieuse, il espère beaucoup d'une meilleure organisation, et ses efforts très éclairés tendent tous vers ce but.

Son œuvre la plus importante est sans conteste la publication de l'*Annuaire*, travail de longue haleine, bien mené, méthodique, précis, consciencieux, la plus abondante source de renseignements exacts sur toute cette période. Il y a une unité dans ce volume, qui se retrouve dans le constant désir de montrer que tous ont les mêmes besoins, auxquels Rabaut cherche à répondre en fournissant à tous les mêmes moyens de les satisfaire. Par là il travaille donc à réaliser cette union si désirée, en introduisant partout des usages analogues et en particulier la même discipline. Dans son projet-type de règlement pour une église, comme dans son adaptation de la discipline aux nécessités présentes, il se montre autant que possible conservateur et partisan décidé de la tradition protestante.

C'est en effet bien contre le danger de morcellement que les pasteurs les plus en

[1] *Encyc. rel.* V, p. 195.

vue cherchent avant tout à se prémunir. Il est certain que le péril était très réel. « Chaque église vivait dans l'isolement et presque l'ignorance les unes des autres, comme sans pensée commune, sans autre vue que celle de l'horizon borné où s'exerçait leur activité particulière[1]. » Dans un tel état de choses, chacune d'elles adoptant un type un peu différent du voisin de droite ou de gauche, avaient tendance à se séparer de plus en plus les unes des autres, et les changement s'accumulant peu à peu, en un petit nombre d'années l'Eglise réformée de France risquait de n'être plus qu'une mosaïque sans ordre.

C'est alors que l'on commença à sentir tout le poids de la protection gouvernementale. Tous les efforts tendent à obtenir la convocation du Synode général, mais sans succès. Les synodes régionaux et provinciaux ne sont même pas autorisés à se réunir, et les premiers pourtant étaient prévus par les articles organiques. Napoléon ne veut pas ; et il n'y a qu'à se courber devant son impériale volonté. Ces demandes infructueuses n'étaient du reste

[1] Kuhn. *Bul. du prot.* 1902, p. 59.

qu'un apprentissage de toutes celles que les protestants devaient formuler sur les mêmes sujets pendant soixante-dix années des régimes les plus divers.

En 1807, le Consistoire de Genève entretient des correspondances avec les divers Consistoires de France, afin d'arriver à une revision du concordat. Les démarches reprirent sans plus de succès en 1811.

A cette date, le centre de vie semble s'être transporté dans le Midi. D. Encontre le premier rédige un projet, qu'il envoie à Paris pour être remis à l'inspecteur Pictet, qui le transmet à Lacépède, archi-chancelier et ministre d'Etat. Ce dernier « le trouve très bien et promet de s'en souvenir en temps utile. »

Encontre rangeait sous trois chefs les besoins urgents des églises : 1° administration intérieure de chaque église dans son sein ; 2° discipline ayant autorité sur les églises réunies ; 3° un lien commun tiré de l'unité de doctrine, car tous sont appelés à une seule espérance, il y a un seul Seigneur, un seul baptême, une seule foi. Le système d'administration proposé est du type luthérien. La France protestante serait divisée en groupes de quatre à sept consistoires, formant chacun une inspection. Il y aurait deux inspecteurs, un ecclésiastique et un laïque, élu par chaque consistoire pour deux ou trois ans. Chaque année, les inspecteurs d'une même inspection tiendront une assemblée générale. Leur fonction sera de maintenir la fraternité entre les églises, la parfaite union entre les pasteurs, l'observation de la discipline, et l'enseignement de la pure doctrine. Ils seront appelés à juger dans les cas contentieux de chaque consistoire. Réunis en assemblée, ils auront le droit de suspendre et de déposer, mais seront soumis à la discipline qu'il s'agira avant tout de rédiger.

Elle devra tenir compte des points suivants : L'Eglise réformée reçoit le symbole dit des Apôtres et celui de Nicée. Pour en faire partie, il faut une profession publique de sa foi. Les enfants sont censés membres de l'Eglise (saint Paul les appelle *saints)*, et c'est pourquoi on leur accorde le baptême. Tout membre est comme tel soumis aux lois civiles, et fidèle au gouvernement ; il peut être excommunié et chassé pour immoralité flagrante et rebellion, mais les armes spirituelles seules seront employées.

Il y a trois classes d'administrateurs : les anciens pour le temporel, les pasteurs pour le spirituel, les inspecteurs pour la surveillance des deux autres. Les ministres, au sortir de la Faculté, devront effectuer un noviciat auprès d'un pasteur, et ils ne recevront pas l'imposition avant vingt-cinq ans ; celle-ci consacre à l'Eglise en général, et elle est suivie d'une installation solennelle dans l'Eglise particulière.

Il y avait là nombre d'idées excellentes, qui, hélas ! ne devaient produire aucun résultat. En septembre 1813, le ministre désapprouva le projet, « vu que les choses lui paraissaient aller assez bien pour n'avoir besoin d'aucune innovation [1] ».

Heureusement que l'on fut plus heureux à propos des Facultés de théologie. Au début, Napoléon ne songeait à établir que deux séminaires protestants, celui de Genève pour les réformés et celui de Strasbourg pour les luthériens. Ce dernier fut organisé par décret du 30 floréal an XI, et Genève, qui ne cessa jamais de fonctionner, reçut la succes-

[1] Bourchemin, *D. Encontre*, p. 85-89.

sion du séminaire fondé par Antoine Court à Lausanne. Mais le nombre des professeurs était réduit à trois et l'enseignement des plus médiocres. Les protestants du Midi désiraient ardemment posséder une Faculté qui soit davantage à eux et qui, par sa proximité, facilite le recrutement du corps pastoral, toujours très insuffisant.

L'Académie de Montauban avait été supprimée par Louis XIV. Le 17 septembre 1808, l'empereur faisait paraître un décret autorisant sa réouverture. Nîmes avait longtemps espéré avoir la préférence, mais Napoléon, dans un de ses voyages, s'était arrêté à Montauban et c'était là que l'affaire avait été décidée (29 juillet 1808)[1].

Frossard est désigné comme le futur doyen et il est chargé d'organiser l'enseignement. L'un des premiers à qui l'on songe pour le professorat est D. Encontre, puis viennent les noms de Blachon d'Anduze, de Combes-Donnous, de Bonnard, de de Joux, enfin d'Esaïe Gasc. L'échange de lettres est assez intense et amène une vie nouvelle dans tout

[1] Voir *Annuaire* 1809, p. 245 et 42.

le Midi comme aussi des rivalités et des com-
pétions qui n'ont rien de très édifiant [1].

D. Encontre, né le 30 juillet 1762, fut destiné dès son enfance au ministère évangélique. Ses aptitudes le poussaient cependant
vers les mathématiques, car, livré à lui-
même, nouveau Pascal, à dix-neuf ans il
parvenait jusqu'au calcul infinitésimal. En
même temps il apprenait sans peine et à fond
le latin, le grec et l'hébreu. Les années de la
Révolution, comme celles de sa jeunesse,
furent dures pour lui, mais avec l'Empire il
atteint l'aisance et bientôt la célébrité.

Le grand-maître de l'Université, Fontanes,
le désirait à Montpellier plutôt qu'à Montauban, petite ville où il estimait que ses aptitudes si remarquables seraient perdues ; il le
nomma donc doyen de la célèbre Faculté du
Midi. Encontre fut longtemps indécis, chacun
le désirant et chacun lui démontrant péremp-
toirement que son devoir est ici plutôt que là.
Ne sachant que faire, il s'en remit finalement
à la décision de Fontanes, qui lui enjoignit de
venir à Montpellier. La composition du corps
professoral fut alors fixé comme suit : Dombe-

---

[1] Cf. Ch. Dardier, *Esaïe Gasc*, p. 219. sq.

Donnous, latin et grec ; — Bonnard, hébreu ;
— Anspach, histoire ecclésiastique ; — Frossard, morale ; — Gasc, théologie.

On attribua à l'arrondissement de Montauban 170 pasteurs et 70 consistoires. Le 10 janvier 1810, les cours commencèrent avec trois professeurs seulement et 42 étudiants, pris depuis l'âge de 15 ans. Le 3 novembre eut lieu une installation solennelle.

On choisit parmi les étudiants les mieux qualifiés des répétiteurs de langues anciennes, de mathématiques, rhétorique, littérature, histoire, géographie et anglais. Le nombre des étudiants s'éleva bientôt d'une façon considérable. Mais, hélas, il ne faut pas voir là une marque de prospérité, bien au contraire. Plus les temps devenaient durs, plus les vocations au saint ministère devenaient fréquentes. On allait chercher à Montauban non la science, mais la sécurité. La Faculté n'était plus une école, elle était un abri, et un abri d'autant plus sûr qu'il paraissait sacré. Le danger disparu, tous les faux étudiants reprirent le chemin de leur foyer, à la grande joie de la Faculté délivrée de ce déshonorant fardeau.

D'autre part, le choix du siège de la Faculté n'était pas des plus heureux, et les seules considérations historiques invoquées en sa faveur sont bien insuffisantes. Il restera toujours regrettable que tant de générations de pasteurs aient passé les années de leur plus grand développement intellectuel dans une ville d'aussi peu de ressources que Montauban. Nîmes ou Montpellier, Toulouse, auraient été des centres bien plus favorables.

Il est vrai que dans les débuts on espérait vivement posséder à Montauban même, non pas seulement une faculté de théologie, mais une université complète, de telle sorte que la petite ville serait devenue le centre intellectuel de tout le protestantisme réformé. On n'aurait eu alors plus rien à envier à Genève. Du moins, c'était Encontre qui en jugeait ainsi, d'une façon quelque peu optimiste.

Ces espoirs ne se réalisèrent pas, ce qui ne nous empêche cependant pas de déclarer que la reconstitution de la Faculté de Montauban est à nos yeux le fait principal de l'existence du protestantisme pendant l'Empire. Grâce à elle, enfin nous allons sous peu voir réapparaître la vie, sous une forme sans doute regrettable, celle des luttes et des discussions, mais qui de toute manière vaut infiniment mieux que l'accord plat et superficiel, ne subsistant que par le manque de foi précise et raisonnée, que par le règne d'une suffisance vaniteuse autant qu'injustifiée.

Les pasteurs auront désormais un idéal autre que le désir de se distinguer par une prédication goûtée du public ; un certain nombre d'entre eux pourront aspirer au professorat et s'y préparer par des études persévérantes et approfondies. De là une nécessaire et bienfaisante émulation, qui ne se manifestera pas seulement entre hommes, mais aussi entre Facultés. A peine Montauban existe-t-il que Genève commence à se développer et fait quelques efforts pour hausser le niveau de ses études, depuis tant d'années au plus bas étiage.

De Montauban sortira sous peu toute une nouvelle génération de pasteurs bien supérieurs à ceux de l'Empire, qui, préparés par des études régulières à être les conducteurs de leurs troupeaux, tout au moins seront capables de sentir quelles lacunes il y a dans leur vie religieuse, et, par conséquent, lorsque le Réveil se manifestera, sauront profiter de la prédication énergique et stimulante de ses apôtres.

En un point donc, l'organisation du protestantisme français se trouve complétée, grâce aux efforts de quelques hommes d'initiative. Sur tous les autres, nous l'avons vu, ils échouèrent.

Il est vrai qu'ils eurent très peu de temps devant eux, car qu'est-ce que dix à quinze ans pour émouvoir la lourde machine gouvernementale ? Nous ne pouvons savoir à quoi ils auraient abouti, si l'Empire s'était maintenu, et surtout si la paix avait pu s'établir, permettant des relations suivies et favorisant une exécution rapide des projets ébauchés. Nous ne serions pas très loin de penser que peu à peu, on aurait pu arriver à une organisation matérielle supérieure à celle que nous avons actuellement sous les yeux. Napoléon était bien disposé dans le fond, et une fois rassuré sur le patriotisme des protestants, il aurait sans doute relâché quelque peu la bride qu'il tenait d'une main si ferme.

Des regrets seraient absolument stériles. Bornons-nous donc à exprimer notre reconnaissance envers ce petit noyau d'hommes actifs dont aucun n'était doué en génie, mais qui, animés d'un ardent amour pour un passé glorieux, cherchèrent dans la mesure de leurs lumières à tirer le protestantisme du marasme et de l'inaction. Ils ne comprirent sans doute que très imparfaitement pourquoi leurs aïeux avaient été si grands et si forts, mais grâce à eux, lorsque le Réveil passera avec son souffle vivifiant, il pourra se manifester dans un organisme préparé pour le recevoir et pour profiter de ce qu'il apporte de nouveau et de chrétien à cette génération terre à terre et absorbée dans sa suffisance.

CHAPITRE X

Premières luttes dogmatiques et ecclésiastiques.

L'Eglise protestante une fois dotée d'une faculté de théologie, c'est-à-dire d'un collège de savants ayant pour mission d'enseigner, et pour pouvoir enseigner, d'examiner, il était inévitable que des différences d'appréciations se manifesteraient, que dans le chaos des idées et des doctrines se produirait une classification, et que bientôt il se dessinerait une droite et une gauche théologique destinées à entrer en lutte. L'ère des sous-entendus doit cesser, et la période d'un accord tout passif, sans rien de raisonné, que nulle affinité profonde ne justifie, se terminera dès qu'une personnalité sérieuse entrera en ligne de combat, que cessant d'envisager les questions doctrinales à la de Joux, comme chose de si minime valeur qu'il n'en faut pas parler dans l'intérêt de la paix, il les regardera au contraire comme essentielles, la vie même de l'Eglise dépendant des réponses à elles accordées.

L'homme qui enfin osera déclarer que toutes les luttes ne sont pas stériles, que toutes les questions théologiques ne sont pas de subtiles et obscures querelles de métaphysiciens d'un autre âge, celui-là rendra à tous le plus signalé service. Et ce que nous savons déjà de D. Encontre nous fait espérer qu'en lui nous pourrons saluer le rénovateur de la vie théologique, parce qu'il aura engagé la polémique non dans l'oiseux désir de se faire un nom ou de batailler, mais pour la défense même de l'Evangile et avec tout le sérieux et toute la science désirable.

Toutefois le mouvement qui devait se produire dans le Midi ne fut pas sans quelques secousses préliminaires. Divers conflits d'origine plus ou moins dogmatique éclatent dès la promulgation des Articles organiques, mais sans autre conséquence que d'amener un trouble infécond dans certaines églises. Les rouages manquaient, tels les synodes provinciaux, pour résoudre les difficultés à l'amiable en imposant le calme à certains, ou en introduisant les réformes et les modes de discussion convenables lorsque les sujets traités méritaient un sérieux et attentif examen.

C'est ainsi qu'à Luneray, on demande la destitution d'un pasteur dont la prédication est plus doctrinale que morale[1]. A Rouen, dès 1810, une polémique éclate sur la question de la Trinité, et se poursuit jusqu'en 1816. Un membre du Consistoire, Th. Dufossé, critique avec courtoisie, en des aperçus pleins d'érudition et parfois d'à propos, la notion de la Trinité telle que la concevait l'ancienne orthodoxie, s'attaquant non point tant à la personnalité du Saint-Esprit qu'à la préexistence éternelle du Fils[2].

[1] Cf. *Encyclop. relig.* Art. France prot., V, p. 197.

[2] *Cinq lettres contre la Trinité :* Paris 1816, 64 p. in-16. « Daignez observer, mon cher Monsieur, que nous ne disconvenons pas que Jésus-Christ soit *Fils de Dieu*, qu'il soit *issu du Père*, je ne nie pas sa préexistence avant que le monde fût, puisque nous disons avec S. Paul, *qu'il est le premier né de toutes les créatures, l'image du Dieu invisible* », p. 51.

Un volume de plus grande portée fut l'ouvrage de Jean Trembley [1], destiné à réfuter le rationalisme allemand. Mais celui-ci n'ayant guère pénétré en France que dans les provinces conquises, sa critique fut peu lue et appréciée au-dessous de sa juste valeur. Elle était pourtant « l'œuvre d'un esprit distingué, habitué aux spéculations philosophiques, mais sans grande science théologique. Il s'élevait, par la pensée et le sentiment, au-dessus des productions vulgaires de la littérature courante [2]. »

Le peu de notoriété des adversaires, le théâtre excentrique de léurs exploits n'ont pas donné à ces débats une ampleur suffisante pour retenir longtemps l'attention de l'historien.

Il en est tout autrement des polémiques dont la Faculté de Montauban fut le centre, et dans lesquelles le rôle de Genève, effacé en apparence, en réalité est de première importance.

[1] *Considération sur l'état présent du christianisme*, par Jean Trembley. Paris, 1809, in-12, 570 pages.
[2] Kuhn, *Bull. du Prot.*, 1902, p. 72.

Nîmes, Montpellier, les Cévennes, très conservateurs dans leur inertie, désiraient avant tout reprendre contact avec le passé historique de l'Eglise de France, avec les conceptions et les notions religieuses dont la confession de foi de la Rochelle restait le monument vénérable. Genève, au contraire, avait évolué toujours plus de l'orthodoxie calvinienne vers un latitudinarisme de plus en plus vague, et ne conservait son prestige à l'étranger que par une savante et peut-être inconsciente dissimulation de son vrai niveau religieux.

Montauban créé par arrêt d'un gouvernement qui ne connaît rien des nécessités historiques du protestantisme, et non par un synode seul qualifié, se trouve être un organisme juxtaposé, et non incorporé à l'Eglise réformée. Frossard, chargé de le constituer, était Genevois par son éducation théologique. Dans sa circulaire inaugurale, il n'évoque pas les souvenirs de Sedan, de Saumur ou de la Rochelle, mais exalte « l'Académie de Genève, dont la réputation est basée sur des siècles de splendeur ». Et les nominations qu'il favorise ne sont pas celles de Desmont ou d'Encontre, réformés de race, mais plutôt celles de Combes-Donnous ou d'Esaïe Gasc.

La situation se trouve fausse dès l'origine, les froissements certains, une lutte pénible inévitable.

Si, comme le déclarait encore Frossard dans cette même circulaire, on voulait faire de Montauban un centre « de profonde science, de principes libéraux, de philanthropie universelle et d'irréprochable moralité », le choix du brillant helléniste Combes-Donnous était excellent. Ses traductions d'Alcinoüs, d'Appien, de Maxime de Tyr avaient acquis quelque célébrité, et son talent pédagogique était hors de conteste. Mais comme chrétien, son autorité était si peu grande que dès les premiers bruits de sa candidature, divers consistoires s'agitent et expriment leurs craintes. Celui de Nîmes adressa à Combes lui-même une lettre dans laquelle il déclare « que, s'en remettant à sa loyauté et à son honneur, il lui demande s'il se trouverait à sa place dans une faculté de théologie ». Combes comprit, et avec une grande franchise, il déclina les ouvertures qui lui étaient faites.

Puis revenant à ses études favorites, il publia en 1809 un *Essai sur Platon*, qui non seulement n'avait rien d'évangélique, mais était essentiellement hostile aux principes chrétiens.

Encontre crut que son devoir était de répondre, bien que certains eussent préféré laisser dans une obscurité relative les attaques de l'ex-candidat aux chaires de Montauban.

Déjà le mathématicien de Montpellier s'était essayé à l'apologétique chrétienne dans sa *Dissertation sur le vrai système du monde, comparé avec le récit que Moïse fait de la création* (1807) ; et les qualités de précision, de clarté, de sens historique et philosophique de ce premier ouvrage faisaient bien augurer du second[1].

La thèse de Combes, entourée d'un grand appareil d'érudition, était que les analogies de doctrines entre Platon et Jésus, loin d'être fortuites ou le résultat d'une compréhension identique de la vérité, dépendent en ligne di-

---

[1] *Lettre à M. Combes Donnous*, auteur de l'Essai historique sur Platon, par D. Encontre. professeur de mathématiques. 70 pages in-12, 1811.

recte les unes des autres. Jésus fut le Socrate de Jérusalem, que ses disciples ont voulu honorer en créant de toute pièce à sa mémoire une religion dont il serait le grand héros. Ils étudièrent à leur aise les divers systèmes de religions, les comparèrent, recherchèrent les causes de leur succès ou de leur discrédit, et fins psychologues, surent rendre la leur universelle en l'adaptant à la fois aux besoins de merveilleux des foules et aux besoins spéculatifs des intellectuels. Aux premiers ils offrent des récits de miracles, la divinité du Christ, sa naissance surnaturelle, aux autres une doctrine habilement rénovée de Platon, de Pythagore et du Portique, en y ajoutant toutefois ce que le génie religieux de Jésus avait de personnel et de bienfaisant.

Ce qui manquait avant tout à cet édifice aprioristique qu'inspirait peut-être le rationalisme des fragments de Wolfenbuttel, c'était le sens historique. Encontre, au contraire, le possédait à un degré rare à cette époque, et sa remarquable connaissance de la littérature grecquo-romaine lui facilitait encore la tâche. Sa réfutation est décisive et complète, aussi entière que la parfaite courtoisie dont il use en dépit des rodomontades de son adversaire. Celui-ci ne s'écriait-il pas dans sa préface : « Peut-être les théologiens trouveront-ils dans mon livre que je suis un peu en fond pour ne pas les craindre, s'ils prennent la peine d'entrer en lice avec moi et de m'attaquer ! » Encontre répond : « J'espère que nous offrirons au lecteur l'exemple, beaucoup trop rare, d'une dispute sans fiel, d'une discussion franche et loyale, où la bonne foi préside, et où l'on n'aspire, de part et d'autre, qu'à connaître et à défendre la vérité. » Il tint parole en ce qui le concerne.

Avec un tact apologétique que l'on ne rencontrera pas toujours, hélas, quelques années plus tard, le savant professeur de Montpellier commence par montrer qu'on peut être le plus fervent disciple du Christ et garder toute son estime pour la philosophie. Puis il divise sa réfutation en trois points. Un oubli d'abord, celui d'avoir négligé de dire que Platon croit en l'inspiration surnaturelle. Une injustice ensuite, dans la façon dont Combes critique le christianisme, le chargeant des crimes de ses adeptes ou soi-disant tels. Une erreur de fait, enfin, au sujet de laquelle le débat s'engage pour le fond.

Non, Jésus ne peut tenir sa doctrine de Platon. Il n'avait pas besoin de lui, car Moïse et les prophètes en avaient dit davantage sur Dieu et l'ensemble des vérités religieuses. Quant au plan préconçu et prémédité des disciples, Encontre le critique en ces termes : « L'hypothèse que vous nous proposez aujourd'hui vous appartient en propre. Les apôtres ne sont plus des personnages allégoriques, comme l'a voulu M. Dupuis, ni des idiots, comme l'a prétendu Voltaire, mais de grands politiques, et des philosophes profonds. » Leur plan prémédité, « ils enrôlent tous les gueux, tous les mendiants sous leur bannière et sortent de Jérusalem et de la Judée, car ce n'était pas là où leur chef avait vécu et ou son histoire était encore récente, qu'ils pouvaient espérer des succès, même auprès de la multitude[1] ». Il y a ici erreur historique manifeste : Encontre en donne quinze preuves successives. Mais bien plus, il y a impossibilité morale. « Est-il possible qu'ils aient prêché de votre propre aveu, la morale la plus saine, la plus pure, la plus religieuse, et qu'ils se soient tous accordés à soutenir le plus sacri-

[1] Combes-Donnous, p. 113 et 114.

lège, comme aussi le plus impudent de tous les mensonges? Vous expliquez-vous bien à vous-même cette ferme espérance qu'ils avaient d'une autre vie, et qu'ils ne fondaient que sur les promesses du Chef crucifié, offert à nos hommages comme un DIEU; mais que leur propre conscience plaçait au rang des imbéciles ou des imposteurs? Pouvez-vous concilier leur zèle à convertir tous les peuples du monde, et l'atroce calomnie dont ils chargeaient leur propre nation? La grandeur de leur projet et la bassesse de leur origine? La simplicité, la touchante candeur de leur style, et l'horrible duplicité de leur caractère? La nullité de leurs moyens, et la rapidité incroyable de leurs succès[1]? »

En terminant, Encontre exprime l'espoir que son adversaire reviendra d'une partie de ses préventions. « Malheureusement les probabilités humaines encouragent peu cette espérance; car quoique la religion chrétienne ne craigne pas l'examen, quoique les objections qu'on fait contre elle tournent toujours à son avantage, si on les soumet à une critique impartiale et sévère; nous ne devons pas nous

[1] *Lettre...* p. 75-80.

dissimuler que les discussions les plus exac-
tes, les témoignages les moins irrévocables,
la logique la plus rigoureuse, laissent toujours
à cet égard quelque doute dans l'esprit, si le
cœur n'a pas été préalablement touché, de ce
que l'Ecriture sainte appelle le *mystère de
piété* [1]. »

Ces deux citations suffisent à prouver le
souffle élevé qui parcourt tout la discussion.
Encontre se montre là digne de la grande
apologétique chrétienne et mérite une mention entre Pascal et Vinet.

Nous voici enfin sortis de la phraséologie et
de la boursoufflure de naguère, et l'accueil
fait à ce remarquable opuscule montra son
utilité. De toutes parts les lettres affluèrent,
non seulement des milieux protestants et
chrétiens, mais aussi d'un cercle bien plus
étendu ; et de suite les bienfaits d'une telle
discussion se firent sentir. Sans doute
Combes ne fut pas converti, bien que, sur
les instances de Frossard, et peut-être parce
qu'il n'avait pas grand chose à dire, il
s'abstint de répondre, mais il y eut dans

[1] *Op. cit.*, p. 86.

toute la France un actif et utile échange de lettres, d'avis et d'opinions.

Un certain nombre de questions nouvelles sont posées, on s'aperçoit de leur existence, on recherche ce qui en a été dit autrefois, on examine sa propre croyance et on s'apprête à la réviser s'il le faut. En un mot on redevient protestant, c'est-à-dire que l'on cherche à avoir un christianisme personnel et raisonné, et non une religion inspirée par des usages et des autorités purement extérieures.

On examine sa propre croyance, avons-nous dit, et on examine aussi celle d'autrui, de telle sorte que le calme, loin de renaître, va se trouver de plus en plus compromis. Le débat Combes est à peine terminé que survient l'affaire Gasc.

Esaïe Gasc, entré sans vocation dans le ministère, compromit sa réputation dans les débats politiques qui agitèrent Genève en 1782 ; rentré dans sa patrie pendant l'effervescence révolutionnaire, il en était le premier magistrat lorsque, le 22 juillet 1794, eurent lieu toute une série d'exécutions illégales et injustifiées, sans qu'il paraisse avoir rien fait pour sauver les victimes de la démagogie. A la suite de cette triste complicité, Gasc fut obligé de se retirer de la vie publique et fut longtemps tenu à l'écart par le mépris général.

Aussi, dès que l'on apprend dans le Midi que sa candidature à Montauban est proposée, une vive agitation se manifeste et plusieurs lettres de protestation circulent. L'amitié particulière que Frossard avait pour Gasc empêcha cette première attaque d'aboutir. Toutefois on ne donnait pas au professeur incriminé un enseignement de théologie, mais celui de philosophie, qu'il remplit avec distinction et tact jusqu'en 1811. A ce moment, il paraît avoir suffisamment fait oublier le passé pour qu'on puisse lui confier la chaire de dogmatique (novembre 1811).

Dès sa première leçon, en dictant le plan de son cours il annonça un chapitre sur la Trinité, qu'il aborda en juin 1812 et traita avec quelques développements.

Il ne nous appartient pas de spécifier exactement quel fut son enseignement et encore moins d'en ébaucher une critique. Nous nous rallions au jugement de Bourchemin, d'après lequel la théorie de Gasc était un mélange assez singulier d'idées modernes justes et de spéculations illogiques ou bizarres. Pas plus que les orthodoxes de l'époque, il ne comprenait le sens profond et mystique que l'on peut donner à la Trinité[1]. Certaines parties de son enseignement sont très fortes, d'autres, en particulier les essais de reconstruction, laissent beaucoup à désirer. L'ensemble en tout cas était intéressant, et vu le talent didactique de Gasc, bien propre à enthousiasmer ses étudiants.

Ce fut le professeur Bonnard qui le premier s'alarma. Il eut plusieurs entretiens avec Gasc, qui n'aboutirent à rien. Lors de la consécration des candidats de 1812, les pasteurs Chabrand et Barre interrogèrent aussi Gasc, et se retirèrent satisfaits, si ce n'est de son opinion sur le point spécial de la Trinité, du moins de son zèle pieux et de son désir de vie religieuse. Sur ces entrefaites un des hommes qui s'étaient le plus opposés à la nomination de Gasc, Manoël de Saumane, eut sous les yeux le cahier d'un étudiant et en répandit le

---

[1] Bourchemin, *op. cit.*, p. 123.

contenu dans les églises du Midi. L'attaque
alors s'organise, et un unanime mouvement
de réprobation s'élève contre Gasc, dont on
demande la démission à grands cris, et parfois d'une manière très vive. Si certains sont
surtout conduits par l'attachement à la foi
traditionnelle, les motifs de quelques-uns
ne sont peut-être pas aussi désintéressés. Il y
avait eu beaucoup de candidats aux chaires de
Montauban : Gasc éloigné, c'est une chance
nouvelle d'obtenir la place !

Quoiqu'il en soit, le consistoire de Montpellier s'adresse à Frossard, qui répond que
Gasc s'était engagé à s'abstenir de faire valoir
sa théorie de préférence à celle des trinitaires
orthodoxes. L'agitation était trop vive pour
qu'une promesse aussi vague puisse amener
quelque apaisement.

D. Encontre, le 29 novembre 1812, adresse
à Gasc une lettre restée célèbre, rappelant à
celui-ci qu'il s'est engagé à enseigner non ses
vues propres, mais celles de l'Eglise dont il
est le commettant. Répondant à une demande
de démission émanée du consistoire de Nîmes,
Gasc déclare s'en remettre au gouvernement
qui seul l'a nommé et seul a le droit de lui

enjoindre quoi que ce soit. Ceci amène en cause l'inspecteur d'Académie Pictet, qui cherche, pour ramener la paix, à sacrifier aussi bien Bonnard que Gasc, en représentant le premier comme un ennemi personnel du second. Les deux hommes protestèrent contre cette allégation en prenant la Cène ensemble dans une séance solennelle, à la suite de laquelle Gasc déclara que la lettre d'Encontre avait fait grande impression sur lui et qu'il avait enseigné une façon de penser répréhensible.

Ce succès enhardit ses adversaires, qui ne voulurent pas se contenter de simples paroles, mais désiraient une rétractation en séance publique et la promesse que le chapitre sur la Trinité serait un exposé de la notion orthodoxe seule. Si Gasc refuse, on lui demandera sa démission, et s'il refuse encore, on s'adressera au grand maître de l'Université pour obtenir sa révocation [1].

On avait à plusieurs reprises consulté le consistoire de Genève, considérée toujours un

[1] Décisions de la conférence de Montpellier, 8 janvier 1813. Cf. Bourchemin, *op. cit.*, p. 133. Ch. Dardier, *E. Gasc*, p. 265.

peu comme la capitale de la France réformée.
Mais la Compagnie des pasteurs ne désirait
nullement se mêler dans une affaire aussi
compliquée. Ses sympathies allaient très certainement aux idées de Gasc, mais elle ne lui
avait jamais pardonné son rôle de naguère,
et conservait à son égard le plus parfait mépris. On se borna donc à envoyer des lettres
particulières recommandant plus de calme et
de modération. Ce fut surtout le cas lorsque
Gasc, ayant exprimé quelques regrets pour le
passé, ses adversaires essayèrent d'obtenir sa
démission ou sa révocation.

La solution ne devait pas venir de là, mais
bien de l'ingérence gouvernementale. On en
avait sans doute assez de tout ce remue-mé-
nage et l'on fit sentir à tous que pour avoir la
paix, on sacrifierait les hommes de l'un et de
l'autre parti. Craignant peut-être pour l'existence même de leur faculté, les protestants se
turent donc.

A l'occasion de la consécration de quatorze
candidats (25 juillet 1813), on fit signer
à ceux-ci une reconnaissance de la doctrine reçue, et les quatre professeurs de
Montauban, y compris Gasc, souscrivirent

à une transaction dont voici le passage important :

« La Faculté de théologie... promet collectivement et de la manière la plus solennelle, ainsi que chaque professeur le fait ici individuellement, de ne s'écarter en rien, dans ses enseignements, de la doctrine chrétienne reçue et professée dans les Eglises réformées de France. »

Il y avait là certes matière à de nouvelles et plus vives controverses sur ce qu'il fallait entendre par la doctrine reçue. De guerre lasse et sous l'influence du gouvernement, chacun voulut bien croire que tout brandon de discorde avait disparu. Et les cours n'avaient pas encore recommencé qu'Esaïe Gasc était emporté par une attaque d'apoplexie (28 octobre 1813).

On a mis beaucoup de passion, récemment encore, à discuter qui des deux partis en présence était dans son droit, et on est allé jusqu'à incriminer avec une certaine violence les personnalités en lutte, Bonnard, qu'on a représenté volontiers comme un brave homme avec qui il était impossible de discuter, Frossard, qui aurait été une sorte d'indécis désireux

surtout de ménager sa position, Encontre,
mené plutôt que meneur et incapable d'avoir
une opinion par lui-même, Gasc enfin, esprit
brouillon, avide de discussion et de divisions...
Pareils jugements sont certainement peu cha-
ritables et ne tiennent pas compte de la difficulté des positions. A l'égard de Gasc, nous
pensons qu'en première ligne il ne faut pas
faire intervenir les souvenirs de la révolution genevoise. L'homme de 1812 pouvait
être bien différend de celui de 1794.

Mais il ne faut pas non plus compliquer la
question en faisant de lui un prédécesseur de
certaines tendances théologiques modernes,
en disant que plus d'un évangélique de l'heure
actuelle pense comme lui, et que son seul tort
a été de se trouver en avance sur son siècle.

En réalité, le débat ne porte pas sur le fond
théologique de ses convictions. Ses adversaires ne voulurent jamais le discuter, ce en
quoi ils eurent raison au point de vue tactique,
car Gasc, en plus d'un point, les eût singu-
lièrement embarrassés, et raison au point de
vue moins opportuniste de la nature même du
débat, qui doit être confiné dans la sphère des
attributions administratives de l'Eglise et de

ses rapports avec les facultés qui lui fournissent ses pasteurs.

Jamais on ne refuse à Gasc le droit de penser et de publier selon ses convictions, et il ne peut être regardé comme une victime de l'intolérance. Mais on lui conteste, vu ses opinions particulières, la liberté d'enseigner dans une faculté dépendant de l'Eglise. La question est donc celle-ci : un professeur a-t-il le droit, dans la faculté d'où sortent les pasteurs de l'Eglise réformée de France, d'enseigner des doctrines autres que celles reconnues par cette Eglise ? Assurément on a dû chercher à prouver que tel était le cas de Gasc, mais avec le but, non de démontrer qu'il est dans l'erreur, mais bien qu'il n'est pas dans la ligne de croyance des réformés.

Et le débat, par force, devait devenir aigre, puisque précisément à cette époque, on cherchait à renouer avec l'Eglise des pères, et que la lutte était engagée avec le gouvernement afin d'obtenir que le lien avec le passé soit renforcé en chacune de ses fibres. De sorte que Gasc, en en appelant au pouvoir civil, en déclarant qu'il dépendait, non de l'Eglise, mais de l'Université seule, se trouvait le champion de l'oppresseur contre ceux qui veulent une plus grande autonomie ecclésiastique.

En apparence il paraît être l'homme de la liberté, en réalité, vu les circonstances d'alors, s'il remportait la victoire, c'était la sujétion reconnue, confirmée par les faits, non plus seulement parce que le gouvernement refuse à l'Eglise un rouage essentiel, mais parce qu'il sera admis qu'il peut lui imposer un enseignement qui n'est pas le sien.

Mais alors, que deviennent, nous dira-t-on, l'indépendance des recherches scientifiques, la possibilité même du progrès?

C'est l'intervention de cette donnée qui rend le problème particulièrement difficile et délicat, si complexe que l'Eglise réformée de cette époque était dans l'incapacité de le résoudre convenablement, tant à cause de sa faiblesse, de son inexpérience des questions théologiques, que de sa subordination au pouvoir et de son organisation tronquée et sans tête.

Chez Gasc, il y avait une meilleure compréhension du rôle de la raison, de l'autorité de l'Ecriture et de celle toute relative des confessions de foi, une meilleure notion du principe critique du protestantisme. Du côté d'Encontre, nous trouvons en revanche un sentiment plus vrai de la situation historique et aussi de ce qui, dans le protestantisme, n'est pas simple force d'opposition ou de progrès, mais est spécifiquement chrétien, puissance de cohésion et d'unité.

Quelle doit être la conduite du pasteur, et plus encore du professeur de théologie ? Se faire une conviction propre, certes, mais point pour cela se singulariser de ses collègues. Cette conviction, il ne la fait pas matière d'enseignement — dans une mesure très variable suivant les temps et les lieux — il la porte à la connaissance de tous par le moyen du livre, de manière à en permettre la discussion, et à ce que le dogme puisse être revisé dans un prochain synode si une majorité arrive à une même croyance. Sa situation dans la société religieuse est la même que celle du légiste dans la société civile.

C'est ce qu'Encontre cherche à faire comprendre. « Un magistrat, écrit-il à Gasc, peut intérieurement désapprouver la loi qu'on le charge d'exécuter, mais en attendant que l'autorité dont elle émane l'abroge ou la modifie, il est exact à lui obéir, il se montre zélé pour la défendre, il s'exprime comme elle, il agit d'après elle. Est-ce à dire que nous méconnaissions la valeur des objections élevées par Gasc contre certains articles de cette célèbre confession de foi (La Rochelle). Là n'est point le débat, mais, soumis à une loi, il devait la respecter. Il n'est pas de discussion possible sur ce point, car vouloir la soulever, c'est faire entendre qu'on méconnaît les bases constitutives de toute société religieuse ou politique. Ce n'est qu'en se soumettant aux lois qui régissent l'Eglise, tout en cherchant à les modifier par des moyens légaux, qu'on arrive à des réformes, mais si l'opposition aux lois de l'Eglise est telle que la conscience ne lui permette plus d'obéir, alors le devoir est de quitter cette Eglise, afin de chercher par la lutte ouverte à faire prévaloir contre elle les idées que l'on défend.[1] »

[1] Puaux, *Rev. chrét.*, 1877, p. 463.

Hors de là, il n'y a que l'anarchie. Et si l'on se décide à rompre ouvertement, remarquons que d'après le principe protestant, pour être sorti de la société religieuse, on n'est pas hors de l'Eglise dont Jésus est le chef et dont seul il connaît les vrais disciples. Il n'y a ni excommunication possible, ni persécution quelconque.

En pratique, il devra se former peu à peu et normalement deux camps, la droite et la gauche, et ayant chacune sa faculté. De telle sorte que le pasteur appelé au professorat ira dans le milieu qui convient à son tempérament théologique, et que si ses opinions changent au cours des années, il pourra passer d'un des camps dans l'autre.

De cette manière, on progressera sans schismes et sans émiettement perpétuel, car dans chacun des deux grands partis il peut exister une certaine tolérance, comme dans la société civile on autorise des caractères fort différents sans cesser d'admettre une limite à partir de laquelle les lois interviennent.

Tel serait l'idéal, la seule solution normale des conflits tels que celui que nous venons d'exposer. Si nous n'avons pas encore l'éducation qui en permettrait le fonctionnement, à plus forte raison les hommes de l'Empire n'ont-ils fait que l'entrevoir, et c'est déjà un suffisant mérite pour que le nom d'Encontre réste honoré parmi nous. Genève et Montauban étaient toutes désignées pour être les capitales des deux grands partis. L'autorité brutale d'un pouvoir civil qui ne peut rien comprendre à ces questions de vie religieuse, coupa court et net ce mouvement si intéressant.

On en reste donc au statu quo, et la vie, au lieu de revenir dans l'Eglise d'une façon normale et régulière, proviendra du dehors, de ce Réveil dont nous ne cesserons de bénir les fruits, mais qui reste un accident en cours de route, et qui, à côté des bienfaits de premier ordre dont nous lui sommes redevables, n'en a pas moins causé un certain nombre de perturbations graves dont nous souffrons encore à l'heure présente.

Gasc retiré de la scène de ce monde, il fallait pourvoir à son remplacement. L'hésitation n'était guère possible. D. Encontre se trouvait tout désigné, et cette fois-ci il accepta sans difficulté le poste de confiance pour lequel, nous n'hésitons pas à le dire, Dieu l'avait spécialement préparé.

Il entra en fonction le 19 juillet 1814, mais son état de santé ne lui permit pas d'être installé avant janvier 1815, de sorte que son professorat s'exerça dans une période dont nous n'avons pas à entreprendre l'étude.

CONCLUSION

———

Le coup d'œil rapide que nous venons de
jeter sur le protestantisme français de la fin
du XVIII⁰ et du commencement du XIX⁰ siècle
est assurément des plus incomplet. Cependant
le nombre de points que nous avons pu toucher en passant est relativement grand, plus
qu'on ne s'y fût attendu peut-être, et c'est la
meilleure preuve que cette période méritait
de retenir notre attention.

Deux sujets étaient particulièrement intéressants et délicats à fixer : l'état réel du
protestantisme sous le règne de la Terreur ;
son niveau religieux dans les années qui ont
immédiatement précédé le Réveil.

Il y avait quelques difficultés à nettement
déterminer le premier. Le manque de renseignements positifs est grand ; les témoins
de l'époque pour la plupart usent de termes
vagues, ils s'adressent à des lecteurs qu'ils
supposent toujours assez au courant pour
comprendre à demi-mot ; et surtout le sujet
leur semble trop pénible pour être rappelé
d'une façon précise. Mais de la constatation de ce sentiment de honte à la claire
démonstration des fautes commises, il y avait
plus d'un pas à franchir. Sans prétendre
clore un débat que nous aimerions au contraire voir s'ouvrir, nous pensons avoir jeté
un certain jour sur ces temps peu connus, et
il nous semble, hélas, difficile qu'on puisse
réformer du tout au tout le jugement sévère
que la nature même des faits nous a obligés
à porter.

Il en reste pour l'Eglise en général, plus
spécialement pour chacun des pasteurs qui
lui ont consacré leur ministère, un très
sérieux avertissement. Les déchéances sont
toujours possibles, et nous sommes continuellement invités à examiner si, sous des
dehors plus ou moins brillants, la vie peu à

peu ne tend pas à s'amoindrir et à disparaître.

Il était beaucoup plus important encore de rechercher sérieusement et avec impartialité le réel état de spiritualité et de religiosité des réformés de France avant le Réveil.

En effet, tout jugement sur celui-ci, pour être de quelque valeur, doit tenir un compte exact du milieu dans lequel il s'est développé.

Bien que depuis quelques années les appréciations calmes sur le mouvement du second quart du XIXe siècle soient assez nombreuses, à l'heure actuelle encore le Réveil a ses admirateurs enthousiastes et ses détracteurs fanatiques, et tout à nouveau on remet en discussion la valeur de son œuvre et sa compréhension de l'Evangile. Pour les uns, tout chez lui a été or pur, ou bien peu s'en faut. Pour les autres au contraire, si le protestantisme actuel n'est pas en meilleure position, c'est à lui qu'on le doit[1].

---

[1] Ces appréciations peuvent provenir des historiens aux tendances théologiques parfois les plus opposées. Rappelons que Chastel place la plupart des faits qui se rapportent au Réveil sous la rubrique « protestantisme rétrograde », et que pour de Mestral, si le rationalisme a fait autant de progrès, « c'est qu'il a trouvé le terrain préparé

Continuellement on se trouve en présence de deux avis diamétralement opposés. Or, suivez les deux opinions contraires non plus sur ce qui se rapporte au Réveil proprement dit, mais en ce qui touche aux années de l'Empire, et vous retrouverez le même écart d'appréciation. Pendant l'Empire, mort spirituelle absolue, ou au contraire, situation aussi bonne que les circonstances le pouvaient permettre. « On n'était pas plus indifférend alors qu'aujourd'hui », écrira Mæder en 1848 [1]. « L'Eglise de Genève n'avait rien perdu de son antique sève religieuse », ajoutera Ch. Dardier trente ans plus tard [2].

Il est facile de voir que des sympathies mal déguisées ont de part et d'autre influencé

par l'individualisme dissolvant du réveil ». Dans tout le domaine des sciences théologiques, ces deux hommes ne furent peut-être d'accord que sur ce seul point : l'influence néfaste du Réveil. Mais il est édifiant de remarquer qu'on lui impute les résultats les plus incompatibles, car Chastel lui reproche d'avoir empêché la marche du libéralisme, et de Mestral au contraire de l'avoir favorisée ! Cf. Chastel, *Hist. du christianisme*, tome V, p. 176 sq. et de Mestral. *Tableau de l'Egl. chrét. au 19e sc.* Lausanne, 1870, p. 510

[1] Die protestantische Kirche Frankreichs von 1787 bis 1846. 2 Bande. Leipzig, 1848, 1, p. 111.

[2] Ch. Dardier. *E. Gasc*, p. 268.

semblables appréciations, et que tous ont jugé non pas tant le Réveil d'après ce qu'a été l'Empire, mais l'Empire d'après leurs idées personnelles sur le Réveil, Après quoi ils se sont écriés : vous voyez bien que le Réveil a été chose bonne — ou mauvaise — puisque avant lui il n'y avait rien que de mauvais — ou que de bon, au moins en germe !

Le cercle est vicieux et la conclusion sans force.

Seule une étude sur l'état religieux pendant l'Empire, indépendante autant que faire se peut de tout ce qui a suivi, et n'ayant pas un seul mot de jugement à porter sur le Réveil lui-même, peut servir de base solide et de point de départ légitime à une appréciation sur ce grand mouvement.

Les pages que le lecteur vient de parcourir lui permettront, espérons-nous, de mieux s'orienter dans ses appréciations, car il aura sans doute acquis deux certitudes : la réalité de l'assoupissement du protestantisme avant 1815 et en même temps la survivance de forces suffisantes pour expliquer le mouvement du Réveil comme un épanouissement logique de ces forces.

La réalité de l'assoupissement ? Quatre faits de nature bien diverse l'ont démontrée : la disparition de l'Eglise pendant la Terreur, l'acceptation d'une hégémonie du pouvoir civil qui conduisait droit au servage, les illusions momentanées que l'on se fit sur une union possible entre catholiques et protestants, et enfin, la faiblesse aussi bien doctrinale que morale de la prédication pendant toute cette période, de telle sorte que l'inconscience religieuse même des meilleures paraît extrême.

Mais toujours, — et c'est là le deuxième point que nous considérons comme acquis — toujours il est resté au sein du protestantisme des aspirations vers un culte plus réellement en esprit et en vérité et d'une saveur plus franchement évangélique. De telle sorte que l'Empire est une époque de progrès très lents, mais continus. C'est ce que les trop fervents admirateurs du Réveil ont parfois un peu perdu de vue. Depuis les premières années du 18me siècle, la vie religieuse était en baisse constante ; elle atteint son minimum de 1793 à 1795, où, à la suite d'une crise terrible, disparaît tout ce qui n'est que tradition et habitude, pour recommencer enfin une marche ascendante. Au début de l'Empire, il se manifeste une effervescence qui ne dure guère, ses mobiles étant trop extérieurs, puis les enthousiasmes du premier instant calmés, seuls restent à la brèche les hommes vraiment sérieux et pénétrés de l'importance de leur mission.

Ils ne la comprennent que très imparfaitement, mais ils l'exécutent fidèlement dans la mesure où ils l'ont entrevue, et dès lors chaque jour en aperçoivent mieux l'infinie grandeur. Tous sont en progrès; à mesure que les années passent, ils deviennent plus chrétiens. Le Marron de 1800 n'est plus celui de 1793, celui de 1815 très loin de celui des débuts du siècle, et son évolution continuera jusqu'à la fin.

A côté des anciens qui se perfectionnent, il y a les jeunes dont la vie devient de plus en plus active, la compréhension du christianisme toujours plus évangéliques, aux ministères dans des paroisses reculées abondamment bénis, de telle sorte qu'en eux nous pouvons voir les très réels précurseurs du Réveil ou ceux qui en seront les premiers représentants. Nous ne parlons pas d'*Oberlin*, trop éloigné au Ban de la Roche, et dont la vie si édifiante n'a pas eu sur le moment même un grand retentissement, mais plutôt de *Gauthier*, de *Chabrand*, de *Lissignol*, de *Marzials*, de *Soulier*, et d'autres encore[1], parfois en communion d'idées avec les Moraves, et dont nous n'avons pas à nous occuper spécialement parce que leur période de grande activité et de réelle influence ne commence guère qu'avec la Restauration. Mais déjà ils sont là, ferment de vie, et leur action sera certaine et indéniable.

Ainsi, peu à peu, on en arrive à ce degré de vie où forcément les questions naissent, où ceux qui les sentent et en souffrent doivent par nécessité se séparer de ceux qui ne les veulent point apercevoir. Ce furent les premières luttes du Réveil, mais elles ont commencé avant lui, puisque nous avons dû leur consacrer un chapitre spécial à propos de Montauban.

[1] *Gonthier*, pasteur à Nîmes de 1805 à 1812, — *Chabrand* à Toulouse. — *Lissignol* à Montpellier. — *Gachon* à St Hippolyte. — *Marzials*, appelé à Montauban en 1816. — *Soulier*, aide de Rabaut et de Marron à Paris. — Sur tous ces hommes, voir en particulier Maury, le *Réveil religieux*, I, p. 300 sq.

Puis parmi ceux qui ont repris vie, deux camps se forment, une droite et une gauche, et les grandes discussions dogmatiques et ecclésiastiques qui remplirent tout le milieu du siècle commencent.

Mais remarquons que cette gauche, que cette droite, si distantes entre elles, sont toutes deux également éloignées aussi des façons de penser et de comprendre de leurs prédécesseurs, car toutes deux ont bénéficié également du Réveil.

Et ce n'est pas là un des moindres résultats de notre étude, de nos constatations précises et indéniables de l'abaissement du protestantisme français pendant la Révolution et l'Empire, puisque maintenant nous pouvons déclarer qu'il est abusif d'appliquer ce terme de Réveil aux seuls progrès d'un des deux partis, tandis qu'il s'agit d'un mouvement d'ensemble de tout le protestantisme, ne laissant en arrière qu'un bien petit nombre d'hommes réfractaires à tout changement et cristallisés dans leur formalisme, progrès général maudit par plus d'un qui lui devait tout autant que ceux qui s'en réclamèrent d'une façon par trop exclusive.

Un grand fait ressort de tout ceci, la puissance interne et intrinsèque du protestantisme à se régénérer sans secours extérieurs, après les périodes d'anémie spirituelle et de décadence ecclésiastique. Il semble que les principes de vie introduits par les glorieux réformateurs demeurent chez leurs adhérents alors même qu'ils ont cessé d'être à proprement parler chrétiens.

Tandis que le catholicisme ne vit plus que par la force d'inertie et que séparé toujours plus de la civilisation moderne il marche vers la catastrophe certaine, chez les protestants, aux heures les plus tristes, il survit une secrète vertu qui sûrement les conduit à mieux, les ramène à l'Evangile, parce que toujours ce qui leur reste de religiosité vague cherche à devenir raisonné et conscient. La Bible leur demeure, ce travail instinctif les conduit à comparer leur état actuel avec celui que nous révèlent les écrits des apôtres et les paroles du Christ, et à ce contact divin la vie, cessant enfin d'être latente, réapparait dans ses diverses manifestations de piété mystique et intime, d'activité intellectuelle et de travail missionnaire.

En résumé donc, l'histoire du protestantisme français pendant la triste période que nous venons de parcourir doit nous être en édification, parce que si d'un côté elle nous invite à une constante vigilance afin que l'esprit demeure sous et dans les formes, d'autre part elle est une confirmation éclatante de la puissante vitalité du protestantisme. En lui existent beaucoup des éléments de cette Eglise dont il est dit que les portes du séjour des morts ne prévaudront point contre elle.

TABLE DES MATIÈRES

IMPRIMERIE CH. EGGIMANN & Cie

www.ingramcontent.com/pod-product-compliance
Ingram Content Group UK Ltd.
Pitfield, Milton Keynes, MK11 3LW, UK
UKHW021859070726
13613UKWH00001B/220